少年的你我
走出雨季

——校园欺凌的预防与干预

刘春建　主编

电子工业出版社
Publishing House of Electronics Industry
北京·BEIJING

图书在版编目（CIP）数据

少年的你我 走出雨季：校园欺凌的预防与干预 / 刘春建主编. —北京：电子工业出版社，2022.5

ISBN 978-7-121-43539-3

Ⅰ．①少… Ⅱ．①刘… Ⅲ．①校园－暴力行为－预防 Ⅳ．①G474

中国版本图书馆 CIP 数据核字（2022）第 089742 号

主　　编：刘春建
编　　委：程　姣　史文艳　叶红梅　郭艳霞　曾　艳　刘　媛
　　　　　白云阁　智宇花　王艳军　张彩雯

责任编辑：吴宏丽
文字编辑：董晓梅
印　　刷：北京天宇星印刷厂
装　　订：北京天宇星印刷厂
出版发行：电子工业出版社
　　　　　北京市海淀区万寿路 173 信箱　　　邮编：100036
开　　本：787×1092　1/16　印张：11　　字数：158 千字
版　　次：2022 年 5 月第 1 版
印　　次：2022 年 5 月第 1 次印刷
定　　价：46.80 元

凡所购买电子工业出版社图书有缺损问题，请向购买书店调换。若书店售缺，请与本社发行部联系，联系及邮购电话：（010）88254888，88258888。

质量投诉请发邮件至 zlts@phei.com.cn，盗版侵权举报请发邮件至 dbqq@phei.com.cn。

本书咨询联系方式：（0532）67772605，邮箱：majie@phei.com.cn。

童年的真相，不仅有美好的，也会有残酷的

随着电影《少年的你》《悲伤逆流成河》的公映，校园欺凌现象被再一次拉进了公众的视野。数据显示，全世界每3个学生中就有一个遭受过校园欺凌。校园欺凌的危害影响深远，极端事件时有发生。然而，当我们的课题组进行调研访谈时，许多学生、家长和老师对校园欺凌的认识还停留在被打得鼻青脸肿，被一群人逼在黑暗的死角剃掉头发、扒光衣服，被堵在厕所讨要财物等认识上。当我们问到，有没有被孤立过？有没有被起了难听的外号，被一直叫一直叫？有没有被造谣中伤、百口莫辩过？有没有过身体虽毫发无损，心理却备受摧残的经历？沉默扑面而来，那低下的头再抬起时，已是泪流满面。

是的，有过。被访者咬紧牙，含泪点头。

校园欺凌，不仅仅是被拳打脚踢、伤痕累累的身体，还有更隐秘的角落，那些来自言语的精神摧残，来自关系的无情折磨，来自被欺负了还要不断怀疑是自己不好的"自罪感"，那种从噩梦醒来后无处倾诉、无人支持的无助与绝望。

一位母亲来找我咨询，说孩子不上学了。

我：孩子之前说过什么？遭遇过什么？

母亲：她说去了学校没人理她。

我：那您怎么回答的？

母亲：我说你去学校是为了学习，把学习搞好就行了，管他有人理你没人理你呢！

我：您有工作吗？

母亲：有。

我：那如果您跟我说，您在单位没人理您。我跟您说，您上班就是为了挣钱，您把工资拿回来就行了，管他有人理您没人理您呢！您怎么想？

母亲默不作声，良久后低声说：那太难受了，孩子太难受了，我却一点都没理解她。

孩子似乎只有通过成绩的大幅下降，才能引起父母的关注；只有通过抗拒上学，才能获得父母的重视。事情若到了这一步，那已是相当严重了。而只要他们还好好地上学，成绩也还过得去，那他们所遭受的欺凌就好像微不足道。

真的微不足道吗？真的不过是小孩子之间的玩笑，没什么大不了的吗？

韩国电影《我们的世界》描述了上小学四年级的李善被同学宝拉孤立的故事。影片非常细腻地刻画出小孩子之间的言语欺凌和关系欺凌。那个漂漂亮亮的宝拉操纵着关系杠杆，"说孤立谁，就孤立谁"，她娴熟地搬弄着是非，把李善和智雅玩弄于股掌之间。

虽然成年人总说渴望时光倒流、重返童年，但童年也有排挤、背叛、伤害和报复，甚至因为孩子的简单直接、缺乏包容而显得近乎残酷。

李善的父亲说："小孩子的世界能有什么，不就是学习、玩耍吗？"是啊，看起来貌似简单、无忧无虑，可孩子在成长的过程中有许多心事，他们需要朋友，需要玩耍。李善的弟弟被小伙伴划伤了，却忍痛不说。姐姐心疼地问他："你傻啊，为什么还要跟他玩？"弟弟说："我能怎么办？我想有人跟我玩。"

比暴力更可怕的是冷漠，比殴打更煎熬的是看不见、摸不着的孤立。

所以本书的第一个写作目标就是让大家认识到校园欺凌有很多种。不仅包括肢体欺凌，这种看得见的外在的身体创伤，还包括"不疼不痒"的言语欺凌、关系欺凌、网络欺凌等精神折磨，以及难以启齿、身心俱损的性欺凌。

本书的第二个写作目标是让大家认识到谁都可能成为被欺凌者。

当课题组问道："你觉得什么样的人常常被欺凌呢？"回答多半是：

1.形象不佳、邋里邋遢，性格内向、很害羞、怕惹事的孩子。

2.在同学中不受重视，朋友少，在学校很孤单的孩子。

3.沉默寡言、不善交往，容易引起同学不满和反感的孩子。

4.有身体障碍或智力障碍的孩子。

5.性格古怪或行为与其他同学格格不入的孩子。

6.自身人品存在问题，如撒谎、贪吃、爱八卦的孩子。

……

这些孩子固然可能被欺凌，但正是因为这些偏见，才促成了"受害者有罪论"，导致了被欺凌者的羞耻感，而家长的一句"为什么不欺负别人，就欺负你？"更是让孩子觉得一定是自己有错，是自己不够好，而不再敢于求助，进而长期陷入痛苦的泥潭而无力自拔，带有挥之不去的阴影，甚至在成年之后都可能被抑郁吞没。

知道吗？一个女孩子仅仅因为总是干干净净而被孤立，另一个因为作文写得很好而被排挤。不是只有家庭破碎的陈念《少年的你》、单亲的易遥《悲伤逆流成河》）才会被欺凌，父母双全、与人为善的李善（《我们的世界》）也莫名其妙地被欺凌了。现实中，长得难看的、长得好看的、一言不发的、叽叽喳喳的、学习很好的、学习很差的都可能成为被欺凌者。任何人都可能被欺凌。

所以，本书不是写给少数人看的，而是写给每个人看的。

在欺凌的过程中，除了欺凌者、被欺凌者，还有旁观者。旁观者作为沉默的大多数，以为自己并没有参与，似乎也无过错。其实，旁观者不语，就可能助长了欺凌者的气焰，成为帮凶；仅仅是旁观了欺凌，也足够给被欺凌者造成心理阴影。雪崩时，没有一片雪花是无辜的。从这个意义上来说，本书也是写给每一个人的。

本书的编委都是优秀的中小学一线心理老师，遇到了太多需要关心和帮助的孩子。身体上的伤口终能愈合，心灵上的伤害却一直在隐隐作痛。我们希望能借助电影这种形式呈现细节，分析欺凌者、被欺凌者和旁观者的所思所想，让被欺凌者学会求助和自保，变得强大而独立；唤醒欺凌者的良知，因为伤害别人的人都是不幸的人；指导旁观者不再沉默，而是有所作为，让正义更有力量。

本书是给孩子们的铠甲，也是给家长和老师们帮助孩子健康成长的钥匙。童年的真相，不仅有美好的，也会有残酷的。虽然孩子们终将长大，发现自我，建立自信，选择原谅，一笑而过，但如果他们正在为友情伤心，我们也不能不以为然。

小时候，时间很慢，冬天很长，世界很小，烦恼来了无处可藏。何况是被人欺凌……

刘春建

2022 年 3 月

目录

第二部分　实践应用篇

第一部分

基础知识篇

第 1 章

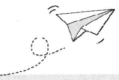

阳光下的罪恶

——校园欺凌

谁想换身干净校服，躲在角落哭；

谁的书包飞出窗户，笔记很酸楚。

谁的青春被世界辜负，谁的呐喊被旁观亵渎，

小孩在孤岛没船只摆渡。

说对不起一两秒工夫，而没关系一生念不出。

——《不哭》杨芸晴

相互吸引却又暗中较劲的好朋友、顽皮又嚣张的男同学、被嘲笑排挤的委屈与不甘、觉得他人做得不对却又没勇气表达的大多数，似乎是很多人校园生活的侧写，很多孩子都经历过。然而这样的经历并不总是能够让人一笑而过，淡然处之，不良的言语和行为会成为很多孩子成长过程中痛苦的源头。当嘲笑和戏弄被不断重复或者有目的性地伤害他人的时候，这就已经成为一种欺凌。

全世界每 3 个学生中就有一个遭受过欺凌

2019 年，联合国教科文组织出版了一份涉及 144 个国家和地区调研情况的报告——《数字背后：结束校园暴力和欺凌》。报告中呈现了一组令人触目惊心的数据：全世界每 3 名学生中就有一人遭受过欺凌，在调查日期前一个月内，有 32% 的青少年至少遭受过一次欺凌。

日本文部科学省公布的调查报告显示，日本校园 2019 年度欺凌事件高达 61 万余起，创历史最高纪录，确认发生欺凌的学校占学校总数的 82.6%。小学占了几乎所有增加部分，1～3 年级均增加 1 万以上。美国政府发布的调查报告显示，美国每 5 名中学生中就有一人遭受过校园欺凌。根据欧洲国家的数据显示，2010—2014 年，11～16 岁的少年儿童成为网络欺凌受害者的比例从 7% 上升到 12%。

2015 年，中国青少年研究中心针对 10 个省市 5864 名中小学生进行的调查显示，32.5% 的人偶尔被欺凌，6.1% 的人经常被高年级同学欺凌。2017 年 4 月 18 日，《中国教育发展报告(2017)》发布的一项调研结果显示，北京的初中、小学是欺凌的高发地，学生几乎每天都遭受身体欺凌、语言欺凌、关系欺凌(被同学联合起来孤立)的概率相比高中更高，分别为 7.5%、13.3%、3.5%。

数据不会骗人，但也只是揭露出冰山一角，校园欺凌现象的严重程度远超我们的想象。校园欺凌隐蔽性极强，老师及家长很难察觉，阳光下的罪恶一直在发生。

校园欺凌：概念与定义

校园欺凌，也称霸凌（译自英文 bullying），是一种常见的社会现象，主要发生在学生之间。1986 年，校园欺凌研究的先驱者丹·奥维斯将欺凌定义为"使一个人长期并反复地暴露在另外一人或多人的负面行为之中"。

2016 年 4 月 28 日，国务院教育督导委员会办公室印发《关于开展校园欺凌专项治理的通知》，将校园欺凌范畴明确为"发生在学生之间蓄意或恶意通过肢体、语言及网络等手段，实施欺负、侮辱，造成伤害"。2021 年 6 月 1 日起施行的《中华人民共和国未成年人保护法》首次将学生欺凌定义为"学生欺凌，是指发生在学生之间，一方蓄意或恶意通过肢体、语言及网络等手段实施欺压、侮辱，造成另一方人身伤害、财产损失或精神损害的行为。"提出"任何组织或者个人不得通过网络以文字、图片、音视频等形式，对未成年人实施侮辱、诽谤、威胁或者恶意损害形象等网络欺凌行为。"并且明确规定了学校在学生欺凌方面的防控与处置机制，进一步加强了未成年人权益保护。

2018 年 3 月全国两会期间，时任教育部部长陈宝生在做客新华网和中国政府网"部长之声"时谈道，"校园欺凌少一点，学校周围的环境安全一点"是老百姓对教育的十大期盼之一。这不断提醒着我们，校园欺凌问题已然成为我们国家基础教育需要重点解决的问题之一。

欺凌还是玩笑？

2016 年 12 月 8 日，一篇题为《每对母子都是生死之交，我要陪他向校园霸凌说 NO》的文章引发全网关注。文章作者称自己是北京某小学一位学生的家长，四年级的儿子被同学起外号，被嘲笑家庭的经济情况，身上被扔厕所的垃圾筐，擦过尿和屎的纸洒了他一身……经北京市某医院初步诊断，该学生患急性应激障碍、中度焦虑、重度抑郁。孩子遭遇了校园欺凌事件，欺凌者却未得到严肃处理。老师将此事定性为"开了一个过分玩笑"，对方家长觉得孩子"没有欺负的主观意识"，只是淘气。

随着各级教委的介入，学校通报最后的调查结果，将欺凌事件定性为"偶发事件"，认为不足以认定肇事孩子的行为已经构成校园欺凌或暴力。该区教委表示，"教育系统将从一切为了孩子身心健康的角度出发，确保不再发生校园伤害事件"。

在很多老师和家长的眼中，只有上升到严重的肢体伤害才算是欺凌，大部分学生之间的身体攻击、嘲笑、排斥都仅仅是孩子们的玩笑或是恶作剧。当人们意识不到语言欺凌、网络欺凌带来的巨大伤害时，自然觉得校园欺凌并不常见。事实上，把校园欺凌当作开玩笑，才是最大的玩笑。校园欺凌与开玩笑存在着本质上的区别。

1. 恶意

在处理欺凌事件时，欺凌者通常会告诉老师和家长，自己不是故意的，只是在和对方开玩笑，对方开不起玩笑、不识趣。事实上，只有双方都觉得有趣的事情才能算作玩笑，恶意、故意的行为则是从被欺凌者的难堪和委屈中获得快乐。

2. 有持续性

国际上大部分校园欺凌研究者均认可欺凌行为需要在一段时间内反复发生，学生间偶然发生的冲突行为、打架行为或相互称呼没有恶意的外号不能被视作欺凌。目前，越来越多的学者认为，有些欺凌行为不需要重复就能带来严重伤害，我们对单次欺凌事件也不可小视。更何况，很多欺凌行为并非单次发生，只是欺凌者善于伪装，而被欺凌者很难保护自己并有效求助，以往多次发生的欺凌事件都被掩盖在"冰山"之下。

3. 权力不平衡

校园欺凌更核心的特征在于欺凌者与被欺凌者的关系中存在着不平等。大部分情况下打架是势均力敌的，而校园欺凌却是强对弱的不平等。这里的不平等有着很丰富的内涵，可能是肉眼可见的身体强壮度的悬殊；可能是年龄方面的悬殊；可能是社会文化标准的悬殊，例如，学习成绩、家庭背景、运动能力、外形条件、是否符合传统的性别特征等；还可能是欺凌者的心理优势，例如，被老师喜欢、被同学众星捧月，等等。出于这种力量和权力的不平衡，欺凌者可能会使用各种手段在身体、社交或情感上令被欺凌者感到痛苦，被欺凌者却很难保护自己，受到巨大的心灵冲击。

在具体判定校园欺凌时，还存在一些模糊界限，虽然也属于欺凌行为，但是因为过于普遍，我们很难区分。如果遇到类似行为，我们需要以被欺凌者的主观感受来界定。例如，节目主持人马东曾在《奇葩说》中分享自己在学校被欺负的经历，虽然没被打过，但是他们会把马东带到一个神秘的拐角处，按着他的脑袋让他"说段相声"。当他向老师反映时，办公室的老师们甚至起哄，让他先讲一段相声。的确，谁会觉得"说段相声"是一种欺凌呢？

20 世纪 80 年代，日本校园欺凌大规模爆发，当时官方对欺凌行

为的定义是只有经过学校确认的才属于校园欺凌，即便学生受到了欺
凌，只要学校和老师认为是"玩笑""打闹"，就不会被当作欺凌对
待。直到 2006 年，日本才开始从受欺凌者的主观感受来界定是否发
生了校园欺凌。近年来，我国也开始不局限于形式上的判断，如果一
方的行为给另一方在生理上或心理上带来了很大的痛苦，就会被认定
为"欺凌"行为并严肃对待。

5 种常见的校园欺凌形式

校园欺凌一般有 5 种形式，分别是言语欺凌、肢体欺凌、关系欺
凌、网络欺凌和性欺凌。

1. 言语欺凌

言语欺凌是指当众嘲笑、奚落、辱骂对方、取侮辱性绰号、传播
流言蜚语等，比如将班级里看似纤细、温柔、细声细气的男生叫作"娘
娘腔"。言语欺凌是不易察觉但最常见的校园欺凌形式，"中国少年
儿童平安行动"组委会在 2004 年的一项调查显示，81.45% 的被访小学
生认为"语言伤害"是最急需解决的校园伤害问题。言语欺凌以语言为
利器，将矛头指向了无辜者，在他们的心理上留下难以愈合的伤口。

2. 肢体欺凌

肢体欺凌是指推、撞以及拳打脚踢等行为，在男生群体中更为常
见。最近几年，时常看到女生狠命殴打女生的视频。肢体欺凌发生的
比例虽然远低于言语欺凌和关系欺凌，却是最外显也最容易发现的校
园欺凌形式，受害者身上通常会有非常明显的被欺凌的迹象。随着年

龄的增长，肢体欺凌逐渐转变为言语欺凌和关系欺凌。媒体所报道的恶性校园欺凌事件往往以肢体欺凌为主，例如，2021 年 3 月，媒体报道石家庄 5 名热爱体操的 10 岁儿童，在河北省体育局体操举重柔道运动管理中心集体遭遇 2 名 15 岁少年的校园欺凌：用开水从头上向下浇、用打火机烧臀部、用烟头往身上戳、朝鼻子里灌鸡蛋和洗衣液……5 名儿童被施暴至伤痕累累，引发极大的社会关注。

3. 关系欺凌

关系欺凌是指排挤、孤立、集体威胁、集体歧视等行为，是最隐蔽也最令人感到煎熬的校园欺凌形式。在女生群体中，关系欺凌更加常见。女生通常不会把不喜欢、讨厌、嫉妒等情绪以肢体欺凌的形式表达出来，而是会转化为关系欺凌这种"看不见、摸不着"的形式，拉拢其他同学一起抱团，以此体现自己的社交地位，孤立被欺凌者，让其感受到巨大的痛苦。在一起吃饭、上下课、去厕所等细节中，都可能隐匿着关系欺凌的影子。

4. 网络欺凌

网络欺凌是指通过短信、电话、邮件、照片、视频、聊天室和网站等进行的欺凌，例如，在网络上发布谎言和谣言、曝光个人隐私、对个人照片进行恶搞等。随着互联网的发展，手机、计算机等电子设备触手可及，校园欺凌的表现形式与传播发酵方式发生了巨大的改变。《2017 年世界儿童状况：数字时代的儿童》中写道："从前，受到欺凌的儿童可以通过回家和独处躲避这样的侵犯和骚扰，但如今，数字世界却没有为儿童提供这样的安全港。"网络欺凌的匿名性，让欺凌成本更低，带来的伤害范围却更大，受害者甚至无处可藏。

5. 性欺凌

性欺凌是指通过言语、肢体或其他暴力形式，对他人的生理性别、性别认同、性倾向、性别表达进行贬损、攻击、威胁，例如，辱骂他人"娘娘腔""娘炮""不男不女"，影射他人性取向，未经对方允许或在恐吓下逼迫对方脱衣服、触摸对方性器官、发生性行为等。2016年，在联合国针对青少年校园欺凌的调查中，大概有四分之一的校园欺凌事件都与性或性别相关。性欺凌不仅会发生在女生身上，也会发生在男生身上，男生可能欺凌女生，女生也可能欺凌男生，甚至男生与男生之间、女生与女生之间也会存在性欺凌。人类对于性别的认识和理解是在不断变化的，如果我们不能以尊重、包容的心态面对个体差异，性欺凌将难以消失。

校园欺凌并不是孤立存在的，遭受过一种形式欺凌的学生，也更容易遭受其他形式的欺凌。大部分校园欺凌事件还会伴随着财物欺凌，比如强拿强要、勒索财物、故意损坏物品等行为。2015年5月8日，媒体曝光某小学多名小学生遭到班干部的勒索，有的孩子一次性就从家里偷拿4000多元，"进贡"给班干部。班干部的"创收"从小学二年级就开始了，从索要零食开始，逐步演变成索要零花钱，金额也越来越大，肢体欺凌和言语欺凌也随之而来。校园欺凌行为逐年增加、形式多样、影响深远，已成为我们不能回避的现实问题。

哪些人在参与欺凌？

卷入欺凌事件的人，都在扮演着不同的角色。不管是欺凌者、被欺凌者还是旁观者，问题背后的本质都是"社会适应不良"。

伤害从何而来：一个欺凌者的养成

孩子的弱点在于他是以一张白纸开始的。他既不理解也不怀疑他所生活的社会，由于他的轻信，别人可以影响他，使他充满自卑感，使他害怕违反不可知的可怕的准则。

——乔治·奥威尔《如此欢乐童年》

没有人是天生的欺凌者。一个欺凌者的养成，背后有很复杂的原因，是家庭、学校、社会、个性等一系列因素共同发挥作用的结果。

1. 曾目睹或经历过暴力

父母是孩子的第一任老师，孩子在外的攻击行为往往就是家庭中亲子模式的映射，大量的研究都佐证了这一点。如果孩子常年生活在冲突与争吵中，被迫对暴力和敌对行为耳濡目染或是经常遭受体罚、被虐待，却没有机会学习到温和理性的解决问题的方式，久而久之，通过观察学习，孩子就会认为暴力是适合解决人际冲突的方式，更容易出现欺凌别人的行为。

2. 消极的父母教养方式

父母教养方式会影响孩子的个性特点、人际关系和问题解决方式等方面。消极的父母教养方式包含两方面：过于专制和过于放纵。

父母过于专制，过分强调学习的重要性，忽略了孩子人格的发展。这会使得亲子关系变得紧张，孩子难以从家庭中获得肯定与成就感。就像美国心理学家鲁道夫·德雷克斯曾经说过的，"一个行为不当的孩子，是一个丧失了信心的孩子，是一个归属感和价值感得不到满足的孩子。"于是，孩子就会向外寻找满足自己心理需求的方法。在父母面前假装乖巧听话，在弱者面前释放自己的冷漠和残酷，以获得短暂的成就感。

而生活在放纵型教养方式下的孩子，容易产生盲目的优越感，缺乏自控能力和同理心，在人际交往中没有底线，更容易欺凌他人。例如，独生子女家庭中的孩子往往会受到来自长辈们的万千宠爱，长辈们带着滤镜看待孩子，把孩子的无理当作可爱，把孩子的错误当作淘气，就会让孩子变得骄纵，变得目无法纪。

3. 彰显权威

年龄越小，获得成就感的方式就越少。违反班规校纪、让同学为自己服务、不让其他同学跟某个同学一起玩、挑衅殴打自己看着不顺眼的同学等，这些行为最初的目的是为了获得成就感，彰显自己的力量和权威，证明自己在班级里的重要性。如果没有受到正确的引导，孩子们就会将这些不正当的行为默认为一种引起别人注意的好方法，从中体验征服别人的快感，愈加得寸进尺，最终演变为欺凌。

4. 缺乏同理心

研究欺凌的美国教授芭芭拉认为，欺凌的根本是轻蔑，是无视他人的痛苦。中国人民大学调查协会对 36000 名网友关于校园欺凌的调查显示，有 18.75% 的欺凌者认为自己的欺凌行为没有对被欺凌者带来任何的伤害。事实上，欺凌者一般或多或少都会知道自己的行为会给对方造成伤害，让对方感到尴尬、窘迫、难堪、屈辱，甚至痛苦。但对于他人的痛苦，他们很少能够感同身受。

5. 从被欺凌者变成欺凌者

心理学家荣格认为，心理健康的人不会折磨他人，往往是那些曾受过折磨的人转而成为折磨他人者。也就是说，当我们受到外界侵害时，负面情绪得不到有效释放，就会产生强烈的挫折感。凝视深渊，深渊也在凝视你。在这种情况下，我们很可能会被仇恨所蒙蔽，一心想要复仇，进而成为暴力的信徒，在与魔鬼的交手中变成另一个魔鬼。或者因为认同欺凌者的强大，为了证明自己不是受害者，反抗内心的害怕与羞耻，爆发出攻击行为，转而欺凌其他人，从最初的被欺凌者变成欺凌者。

被欺凌不是你的错：谁都可能是受害者

转学的孩子、有口音的孩子、难以融入班集体的孩子、社交能力差的孩子、学习不好或者学习特别好的孩子……往往容易遇到校园欺凌。

但更核心的因素是自尊水平。自尊水平很低的孩子，自我价值感、自我评价也很低。在面对可能的欺凌行为时，他们很难坚决捍卫自身的正当权益甚至人格尊严，反而一味地委曲求全，最终导致其不断遭受校园欺凌。因为欺凌者往往会认为这样的孩子是非常"安全"的目标，被欺凌者的一言一行都传达着一种信息：他是可以被欺负的，他不会进行报复。而自负或自恋(不稳定的高自尊)的孩子，有时自我评价也非常高，在人际交往过程中可能导致被看不惯或对他人评价过于敏感和在意，也容易遭受校园欺凌，尤其是关系欺凌。

事实上，不论具有什么样的特点，都不能成为欺凌的理由。更何况很多恶意都是没有原因的，只要对方想欺凌你，什么都可以成为原因。就像是东野圭吾的小说《恶意》中，警官询问罪犯为什么要施暴，得到的答案是"看他不爽"，至于"不爽"的原因，却说不出所以然来。发生欺凌后，不要问自己哪里做错了，不要为莫名其妙的恶意寻找借口，要勇敢地去面对。

沉默的大多数：校园欺凌的旁观者

"嗨，我是汉娜·贝克。接下来，我将告诉你我所经历过的一切。如果你也听到了录音带，那么，你就是我结束生命的理由之一。名单上的某些人，或许你们根本不觉得自己做错了什么，因为你永远不知道自己对别人做的事将如何影响他的一生。"

——美剧《十三个原因》的开场白

两个星期前，汉娜·贝克，一个谣言满天飞、备受争议的女孩割腕自杀了。17 岁的男孩克雷，在某天放学回家后，发现门口有一个匿名包裹，里面只有几卷标记了数字的磁带。播放后，磁带中传出了汉娜·贝克的声音，她在死前录制了这些磁带，13 段录音对应着不同的人，代表了 13 个置她于死地的原因。

初恋男友贾斯汀磨灭了她对爱情的美好印象，曾经的闺密和朋友毁掉了她对友情的信赖，艾利克斯散布谣言，布莱斯欺骗她……13 个人，每个人或直接地侵害汉娜·贝克导致她的自杀；或袖手旁观，冷漠地看着她被羞辱、被欺凌；或散播恶意谣言，用流言蜚语将她变成众矢之的……每个人都是蝴蝶效应中的一环，一次次碾压她的防线，直到最终击垮她……

在汉娜·贝克的故事中，只要其中有一个人做了不一样的事情，她可能就不会死。

但是没有。

这就是校园欺凌中的旁观者：沉默的大多数。心理学家克里斯蒂娜·萨尔米瓦利将旁观者分为欺凌助手、欺凌助长者、局外人和欺凌反对者四种不同的类型。

1. 欺凌助手

欺凌助手是欺凌者身边的"小跟班"和"追随者"，是欺凌中最大的帮凶。我们在校园中经常会见到这样的情景，一开始只有一个人欺负人，后来越来越多的人加入。当欺凌助手不断加入形成小团体以后，欺凌者变得更加自信，认为自己是大家的"领头羊"，将欺凌行为作为证明自己领导力的工具，不断获得同伴的支持。有些欺凌助手出于保护自己的目的，而加入欺凌行列，认为"我跟你是一拨的，我帮你欺负别人，你别欺负我"。然而随着小团体越来越紧密，他们很可能失去自我，放弃原有的道德标准，沉浸于欺凌行为中。他们虽然不是欺凌行为的始作俑者，但是他们的"拥护"和"帮忙"却是压死骆驼的稻草之一。

2. 欺凌助长者

欺凌助长者在欺凌事件中没有主动做出实际的行动，但是无意间的煽风点火、起哄、轻蔑、嘲笑、眼神都是对欺凌者无形的鼓励和支持，让他们觉得自己的行为的确"很酷"。欺凌助长者更多地以玩乐心情参与其中，对他们而言，谁受欺凌无所谓，只要自己有好戏看就好。欺凌者会因此被强化，变本加厉地"表演"，以期获得更多的"掌声"和"喝彩"。然而一旦欺凌事件被老师和家长发现，欺凌助长者们会立刻举起双手，声称"跟我没关系，我可什么都没干"。

3. 局外人

局外人是被动的旁观者，他们在目睹欺凌行为发生时可能会选择回避、直接走开，通过推脱和转移责任选择置身事外。他们可能认同"枪打出头鸟""我并不能改变什么"，因此始终保持中立态度，袖手旁观。

在日本影视剧《三年 A 班——从现在起大家都是人质》中，景山澪奈是三年 A 班的一名学生，也是全国少年杯游泳大赛的冠军。然而，某一天，网上突然爆出了澪奈在比赛当天服用兴奋剂的消息。自此之后，关于澪奈的负面新闻大肆传播，同学们认定她服用了兴奋剂，在她承认错误前把她当作空气无视，甚至用男女关系混乱、用赞助商的钱挥霍游玩这些凭空想象的谣言来诬蔑澪奈……澪奈的好朋友小樱，虽然是相信澪奈没有服用兴奋剂，相信关于澪奈的谣言都是莫须有的少数派，却恐惧于全班的舆论压力，害怕自己被群起而攻之、被孤立，于是始终沉默着不去表达自己的观点，没有为澪奈做过一句辩解。

局外人虽然没有做出任何举动，但是他们无声的默许让欺凌者认为自己没有错，更加肆意妄为，践踏被欺凌者的自尊，让他们不断感受周围人的冷漠和无情。除此之外，还有一种形式的隐形旁观者，那就是学校、教师、家长对于欺凌事件的不作为，他们让欺凌行为不断"成功"进行。欺凌者发现自己的欺凌行为不会受到惩罚，会更加胡作非为，欺凌行为越来越升级。

4. 欺凌反对者

正义的欺凌反对者是欺凌行为中最具保护性的人，是与被欺凌者站在一边的制止欺凌的关键力量。这些敢于反抗欺凌者的孩子具有较高的自我效能感、较高的同理心，更加乐于助人，也具有更强的社会竞争力，较少产生心理健康问题。

然而敢于反对也意味着要承受更多的风险，例如，在日本影视剧《非自然死亡》第 7 集中，横山同学不愿意再和班上的同学一起取笑白井同学的"左撇子蟑螂表演"。他站出来为白井同学说话，却导致自己也被列入被欺凌者的行列……艺术来源于生活，而现实生活远远比文学作品来得更加残酷。2020 年 5 月 7 日，南通市某中学 14 岁的范同学原计划欺凌一位初一的男生，盛同学得知后，在劝说无效的情况下，将消息传了出去。盛同学的举动惹怒了范同学，招致范同学变本加厉的报复……我们不纵容校园暴力，但站出来反抗的前提一定是做好自我保护。只有越来越多的反抗者站出来，欺凌者才不会有恃无恐。

雪崩时，没有一片雪花是无辜的。从某种角度来说，校园欺凌没有旁观者，只有欺凌者。有的人直接欺凌，有的人看着，然而即便是看着，也变成了默许、变成了协助、变成了罪恶里的点点火星。只有我们每个人都不再沉默，欺凌才会远离美好的校园。

第 2 章

不幸的经历需要一生去治愈

凶手不止一个，死者不止一个

被害的加害者，加害的被害者

人们何时开始如此彼此对待着

受伤的人不止一个，伤害的人不止一个

有些伤是看不见的，人如此彼此对待着

——《凶手不止一个》

被欺凌者常常有哪些表现？

如果你的孩子是被欺凌者，在身心上所受到的打击会表现在很多方面。

1. 情绪变化

遭遇欺凌的孩子往往不愿意向他人诉说，而是把所有感受默默压抑，独自承受，所以情绪会明显变得低落，常常哭泣，容易出现抑郁和焦虑的问题；遭遇严重欺凌的孩子可能会患上创伤后应激障碍（PTSD），甚至出现自残、自杀等极端行为。

2. 失眠

遭遇欺凌的孩子可能会有更多的睡眠问题，例如，入睡困难、频繁早醒、容易做噩梦等，而且问题的严重性会随着被欺凌次数的增多而加重。

3. 缺乏自信，自尊受挫

用逃避、退缩的方式应对欺凌，自信心会备受打击。被欺凌经历越多、持续时间越长，自信心和自尊水平就会越低。信心的缺乏很可能会影响个人生活，如难以维系友谊或亲密关系，并影响成年后的职业发展。

4. 认知能力受损，影响正常学习

遭遇欺凌会导致记忆力下降、注意力不集中等认知变化，学习成绩的下降是非常明显的后果。遭遇严重欺凌的孩子会害怕上学、远离学校的某些场所、长期翘课，甚至最终辍学。在英国的中小学中，有14.8%的学生认为最初逃学就是因为遭遇欺凌，18.8%的学生将欺凌当

作持续逃学的原因，因为"上学的每一步都像是走向坟墓"。

5. 难以信任他人

欺凌者通过散播谣言、进行肢体或者言语攻击，将被欺凌者排挤在某个团体之外，与周围人越来越疏远，这让本身就内向、害怕被拒绝的学生更加孤独、更容易退缩，不敢主动与他人交流；如果长期得不到同学的支持和帮助，总是被冷漠对待，被欺凌者在人际关系方面更会失去信心，认为世界就是弱肉强食的，进而无法打开心扉，信任同伴。

6. 严重行为问题

被欺凌的孩子很可能会发展出品行障碍，成年后形成反社会型人格。在美国，每 15 起校园枪击案中，就有 12 个枪击者被欺凌过。

这些身体、心理以及行为上的负面影响都可能会引起随后愈加严重的欺凌，让被欺凌者陷入恶性循环。

当年哭泣的孩子长大后：长期的创伤如影随形

但凡是遭受过校园暴力的人都知道，就算我们活了过来，但那些磨灭掉希望和自信的伤害将终生不会消失。

——《十三个原因》网友的评论

被孤立、被鄙夷、被嘲笑的记忆虽然久远，但被欺凌的经历带来的改变几乎是根本性的，有的人很少参加班集体活动，变得独来独往；有的人需要接受漫长的心理咨询，慢慢地疗愈自己……黄执中在《奇葩说》中提到自己被欺凌的经历："我上小学的时候，因为个性比较孤僻，班上的同学就会趁我下课不在班级的时候，把我的饭盒拿出来，把那些可乐、汽水或是我带的饮料倒进去，然后再盖起来。当我中午打开饭盒吃饭的时候，里面是一团糨糊。"时隔多年，他已然成长为一个内心强大的成年人，但在讲述那段遭遇校园欺凌的过往时，仍然无助得像个孩子。

一个糟糕的结果是，遭遇严重的欺凌所带来的精神创伤会持续很久。波士顿儿童医院的社会心理学家劳拉·博加特和她的同事跟踪研究了 4297 名从小学五年级到高中一年级的学生，结果发现，在那些嘲讽和戏弄停止之后，欺凌行为造成的情感"疤痕"可能会留存很长时间，且"欺凌的影响会随着时间的推移而呈现出滚雪球的效应"。同样地，英国国家儿童发展机构对 1958 年出生的 7771 名儿童进行了长达 50 年的追踪研究，结果发现其中约四分之一的孩子在 7～11 岁时曾遭遇过校园欺凌，这些被欺凌的人到 50 岁时，他们获得高等学历、拥有配偶或伴侣、得到社会支持的比例都比未受过欺凌的人低，出现不健康状况的比例却更高。也就是说，被欺凌所带来的影响在将近 40 年后仍然清晰可见。

校园欺凌之下，没有赢家

国内外众多研究均表明，欺凌行为损人不利己，既给被欺凌者带来伤害，又会阻碍欺凌者人格的正常发展。长期实施欺凌行为，容易让欺凌者形成攻击性人格特点，与其他青少年相比更加固执、狭隘，缺乏同情心，暴力倾向更明显，成年后更容易发展成社会暴力犯罪者。

挪威心理学家丹·奥维斯在 20 世纪 90 年代的调查中发现，欺凌者更容易走上犯罪道路。在中学时属于欺凌者的男性，大约有 60% 的人会在 20 多岁时至少背负一项刑事罪行（大约 30% 的欺凌者背负三项以上或更多项罪行），这样的比例远远高于非欺凌者。

就像是犯了罪的人一定会被捕，就算能逃过追捕，也会一辈子活在罪恶感中。校园欺凌之下没有赢家，都是悲剧。

被欺凌后为什么不愿意告诉家长和老师?

人有一种天生的、难以抑制的欲望，那就是在理解之前就评判。

——米兰·昆德拉《小说的艺术》

1. 认为被欺凌是可耻的

糟糕的事情发生后，"受害者有罪论"往往盛行，人们认为任何恶性事件的发生都一定是有理由的。一个优秀的、聪明的人是不会被欺负的，如果被欺负就是因为自身软弱或者不够优秀。

可能很多家长和老师在教育孩子的过程中都曾说过这样的话，"如果你不开朗一些，大家就不愿意和你玩。" "如果你成绩不好，大家就不会喜欢你。"……这些语言无形中向孩子传递了一个错误观念——如果大家不喜欢我或是欺凌我，那么是我自己的错，是我自己不够好。

很多孩子在学校受到欺凌后，不愿意和家长或老师进行沟通的原因之一就是认为受到欺凌是可耻的，是自己不够强大，是给其他人添麻烦。事实上，任何情况下，欺凌者都是不对的，我们不应该把被欺凌的责任推给受害者。

2. 担心不被家长和老师理解

家长和老师之于孩子，是最值得信赖的人，是安全的港湾。可是当受害者被欺凌后，鼓起勇气告诉家长和老师，满心期待得到帮助时，却会得到这样的回答："你是不是惹别人了？不然他怎么就打你不打别人？""你又去惹人家，就不能让我省点心。""小孩子之间打打闹闹是很正常的。""一个巴掌拍不响，你肯定也有过错。"……面对可能的不理解，甚至是批评，孩子又怎能开得了口呢？

3. 担心说出后被报复

"你要是敢告诉别人，你就完了。""你敢说出去，我一定不会放过你。""要是被别人知道，保证你吃不了兜着走。"……欺凌者往往会进行威胁和恐吓，导致受欺凌者有很多的顾虑。担心告诉家长和老师后，会在更加"隐秘的角落"被变本加厉地对待，索性默默忍受。还有的孩子担心"告老师"的行为会被其他同学孤立，这是比被欺负更难以忍受的。

识别被欺凌的蛛丝马迹

很多时候，孩子不会直接说出他正在遭受欺凌，但会向家长或老师传达出一些信号，暗示他可能被欺凌了。如果你关心孩子是否遭受欺凌，请留意以下迹象。

1. 身体出现无法解释的瘀伤

瘀伤是最直接的线索，如果发现孩子身上任何地方出现了红肿、瘀青、伤口，甚至更严重的情况，一定要搞清楚这些伤是怎么来的。有时候伤痕只是因为意外，但如果孩子面对询问哑口无言或者顾左右而言他时，就需要家长认真对待，留意这些伤痕真正的成因。

2. 情绪不稳定，持续低落

总是被侮辱、被暴力对待，不知道什么时候才能逃离这样的痛苦，始终处在这样的害怕和焦虑中，带来的心理创伤是巨大的，即便孩子在努力掩饰，情绪也会不经意间流露出来。如果发现孩子最近少言寡语，情绪明显处在低落的状态，就需要问问孩子是不是发生了什么事情，父母能够提供哪些帮助。

3. 学习成绩断崖式下降，学习兴趣降低甚至厌学

安心学习的状态下，大部分孩子的学业都能够保持在相对稳定的水平，不会出现极大的波动。如果孩子被欺凌，自然很难集中注意力专心学习，学习兴趣、学习成绩会明显下降，校园欺凌的影响会最直观地从学业上体现出来。而在我们目前的教育环境中，一个普遍情况是，往往只有一件事情影响到孩子的学习成绩时，家长才会怀疑是不是孩子遇到了什么问题。

4. 衣物、书本、文具、电子产品等经常损坏或丢失

在校园欺凌中，一个常见的现象是，受害者的书本、文具或是整个书包都可能会被恶意地损坏。如果一段时间内，孩子的衣物、书本、文具、电子产品、佩饰等经常损坏或丢失，家长就要想办法弄清楚：这到底是因为孩子丢三落四，还是他遭遇了欺凌。

5. 偷拿家里的钱和物品

抢夺财物是很多欺凌者惯用的手法，并且会再三警告被欺凌者不能告知老师和家长，否则会得到变本加厉的报复。在这种情况下，很多被欺凌者不得不偷拿家里的钱和物品去满足欺凌者的要求，以获得暂时的平静。如果发现孩子最近的开销明显异常，谈起用途时又支支吾吾，家长就需要提高警惕了。

6. 突然要求家长接送

校园欺凌不单单发生在校园内，因为校园内往往管控严格，欺凌

者不太容易找到机会实施欺凌，所以他们会把实施欺凌的地方选在校外，特别是在学校附近偏僻的街巷、停车场、公园等场所，或是学生上、下学途中和校外教育活动过程中，例如，小饭桌、课外辅导班、托管班、冬夏令营，等等。经常独来独往的孩子，很容易成为欺凌者的目标，被借机敲诈勒索或者集体群殴。如果孩子一反往常，要求家长接送，有可能就是在避免这种情况的发生。这种情况下，家长需要配合孩子的要求，亲自接送，保护孩子的安全。

7. 很少提及学校里发生的事情

从小学到高中，同伴越来越成为孩子生活中不可缺失的一部分。每个孩子回到家后或多或少都会提及自己的校园生活，提及和朋友们在学校里相处的趣事或是玩耍的计划，这是他们很乐意分享的生活插曲。如果有一天你突然意识到，孩子近段时间都不再提及自己在学校里发生的事情，或是原本争分夺秒聚在一起的"小团体"连着好多天都不见踪影，很有可能就是孩子的人际交往出现了问题，而校园欺凌可能就是导火索。

当欺凌发生时，欺凌者可能会要求被欺凌者的朋友"站队"，或是对他们施以威胁、辱骂，甚至实施暴力行为。无论孩子的朋友是出于自保回避了他们的关系，还是被迫加入了欺凌者的行列，他们的友谊都难以为继。有的孩子会因此对社交场合产生恐惧，刻意回避需要社交的场合，却又因为不想社交进一步被孤立，导致更多的欺凌，陷入恶性循环中。

8. 生活习惯发生变化

抑郁、焦虑等负面情绪会明显影响人的睡眠质量，导致入睡困难或者影响睡眠的稳定性等。如果发现孩子入睡困难、频繁做梦（大多是噩梦）、容易惊醒，每天的精神状态都很差，就需要考虑他是否正在面对校园欺凌带来的压力。

有的孩子回家后吃得很少甚至不吃，可能是他正在承受的压力影响了食欲，也可能是在尽量避免在餐桌上被家长询问学校里发生的事情，或是因为自己的身体在学校遭遇了欺凌，想通过极端的节食行为来改变这种状况。与此相反，有的孩子会突然出现暴饮暴食的情况，可能是想通过大量吃东西来缓解压力，也可能是因为午餐或金钱被抢走等原因没有在学校正常吃饭。

当然，无论什么原因引发的睡眠问题和饮食问题，长期存在都会影响孩子的身体健康和心理健康，都需要家长的及时关注。

9. 经常抱怨身体不舒服，但无明显原因

如果在学校里遭遇了欺凌，很多孩子会因此背负巨大的精神压力。在这种高压状态下，身体可能会分泌压力激素，肌肉可能会紧张，导致出现头痛、胃痛、关节痛，甚至是发热等应激状态下的症状，而这些因精神压力引发的身体症状通常不太容易通过医学手段找到病因。如果孩子常常表现出不明原因的症状，家长就应该提高警觉，关注孩子是否正在承受巨大的精神压力。

10. 对他人或者环境表现出攻击性

人是在不断的成长和丰富的经历中建构对世界的认识的。被欺凌后，有些孩子一直以来对世界的看法受到了挑战或是颠覆，认为欺凌行为不应该存在，世界不应该是这个样子的。面对他人的言行举止或是在某些环境中会表现出很强的攻击性，变得暴躁、偏执或易怒等，以此来发泄内心的愤怒。

如何引导孩子说出被欺凌的真相？

如果你担心孩子正在受到欺凌，而他又不愿意直接告诉你，你可以通过下面这些委婉的方式与他交流，引导他说出被欺凌的真相。

1. 通过其他案例来引导

当电视节目或者新闻报道中出现类似的欺凌事件的时候，可以根据相关的内容和孩子进行探讨，问问他有什么看法。例如，"你觉得这个人做得对吗？""如果你是这个被欺负的人，你会怎么办呢？""你们学校里或班级里有这种情况吗？""你经历过这种事情吗？"等等。

也可以和孩子交流一下学校里的情况，了解他的人际交往情况。例如，"你平常在学校里都和谁一起玩？""你和哪个同学的关系最好呀？""学校里有没有你特别不喜欢的同学？""为什么不喜欢他？"等等。

还可以通过自己的亲身经历或者其他家庭成员的亲身经历来引导孩子说出自己的烦恼。例如，"妈妈小时候在学校里被欺负过，那段时间很难过、很委屈，但是你看妈妈现在生活得非常幸福。"

2. 不逼迫，尊重孩子的想法

有些孩子不愿意告诉家长，是因为不想说出被欺凌的原因，担心家长会和别人一样责怪和惩罚自己。有些孩子害怕告诉家长，是因为怕家长督促他们反抗。如果孩子告诉家长他被同学欺负了，家长的第一反应是："你为什么不反击？拿出勇气来，不要让别人轻易欺负你。"孩子非但没有得到帮助，反而更加压力重重。所以一定要给孩子足够的安全感，告诉他："被欺凌不是你的错。在处理这个问题时，爸爸妈妈会以你的意见为准，尊重你的想法，我们一同商讨对策，一起面对和解决问题。"

3. 鼓励孩子勇敢面对

中国人民公安大学李玫瑾教授认为，"心理贫困最重要的表现就是孩子不善言辞，没人和他交流，被欺负后缺乏勇气去诉说。"家长可以鼓励孩子"敢于面对自己的恐惧，才是一种勇敢。""很多时候，并不是自己不说，自己默默忍受，事情就结束了。""受害者的沉默，是滋养罪恶的温床。""我们不应该为伤害别人的人保守秘密，这是对自己的残忍。"……

还可以告诉孩子"如果没有做好准备的话，可以只说自己想要寻求帮助的部分，暂时想隐瞒的事情可以不说，等自己做好准备以后，再告诉爸爸妈妈。"……

不同的孩子可能适合不同的沟通方式，但最重要的是家长需要传达出一个信号：无论发生了什么，孩子都是被爱的、被保护的，被欺凌不是他们的错，家长一定会帮助他们找到解决问题的办法。

第 3 章
青春需要保护：校园欺凌应对指南

没有不可治愈的伤痛，

没有不能结束的沉沦，

所有失去的，会以另一种方式归来。

——约翰·肖尔斯《许愿树》

欺凌发生前，家长可以做些什么？

1. 正确认识校园欺凌

就像过去错误地把"抑郁症"归因于"不够坚强"一样荒谬，很多人也将校园欺凌与开玩笑联系在一起。表面上看，孩子只是被嘲笑了几句，被推搡了几下，但其实孩子在其中到底承受了怎样的压力，是否还有其他事情发生，很多细节我们都不得而知，如果仅仅将校园欺凌归为开玩笑，没有严肃对待，给孩子带来的伤害可能是巨大的。

作为家长，我们首先需要充分了解校园欺凌，认识到校园欺凌的严重性。在平时的家庭教育中告诉孩子，如果被欺凌，并没什么好羞愧的，真正应该感到羞愧的是欺凌者。

2. 培养良好的家庭氛围与亲子关系

糟糕的家庭氛围和亲子关系会让孩子不愿意与家长交流心声，孩子会认为自己不可能从家长那里得到理解和支持。因此欺凌发生后，孩子从不会向家长求助，只是自己默默忍受，而这又会导致事态进一步恶化，最终严重影响孩子的身心健康。而良好的家庭氛围和亲子关系是孩子遭遇欺凌时愿意主动与家长沟通的前提，内心充满爱的孩子，才会在被欺凌后的第一时间向家长主动求助，从家庭中取得支持，让欺凌事件在最初就被遏止，将伤害程度降到最低。

良好的亲子关系离不开良好的沟通，在日常与孩子的交流中，家长要倾听孩子的心声，了解孩子在学校中的人际交往情况，还可以利用全家聚餐、郊游、亲子活动等机会，在生活点滴中构建更加亲密无间的亲子关系。

3. 帮助孩子扩展社交圈

随着孩子的成长，朋友的重要性日益凸显。预防校园欺凌的发生，需要帮助孩子建立积极的社会支持网络，同时也需要给孩子提供学校以外的社交渠道。例如，鼓励孩子通过兴趣班、体育活动（足球、羽毛球等）认识其他志趣相投的小伙伴；鼓励孩子和同社区的孩子一起玩耍，建立友谊。人际交往比较顺利的孩子不太容易成为欺凌的目标。另外，如果孩子有自己的朋友圈，当欺凌事件发生后，无法向家长和老师表露的心声，也可以向朋友倾诉，来自朋友的陪伴和支持也是无比温暖的。

欺凌发生前，老师可以做些什么？

在日本动漫《哆啦A梦》中，男主角大雄经常被同学欺负。胖虎和狐假虎威的小夫会以借的名义拿走大雄的漫画书；将毛毛虫扔到大雄的身上；抢走大雄的超人斗篷；追打大雄……

在日常的教学管理中，老师很可能也会遇到"大雄"和"胖虎"这样的学生。作为老师，该如何预防欺凌的发生呢？

1. 培养规则意识、公平意识、合作意识

在日常的班会、团队会等教育过程中，向学生普及校园欺凌的相关知识，让学生直观地认识到什么行为是校园欺凌，它会给卷入其中的人带来怎样的伤害；向学生介绍与校园欺凌相关的法律法规以及学校和班级的处理方式，让学生明确求助的方式，也明确欺凌事件发生后欺凌者会面临怎样的后果与处罚，为自己划定红线；还可以开展丰富的文体活动、团体活动，加强学生之间的合作意识，培养学生的人际交往能力……在班级生活的点点滴滴中渗透尊重生命、热爱生命的教育理念。

2. 关注学生动态，教授问题解决方法

校园欺凌事件中，欺凌者往往具备许多共同特质。在班级生活中，留意具有以下特征的学生：管理和控制情绪能力较差、常常违反校规校纪、喜欢争强好胜、嫉妒心较强、个性冲动、容易与同学发生冲突、在自己的小团体中处于"领导"位置。

如果发现具有这些特征的学生在班级中与其他同学发生冲突和摩擦，需要给予格外的关注。不要在证据不足的情况下对他们进行责罚与批评，否则容易起到反作用。第一时间了解他们的行为动机，明确地告知他们不允许使用武力方式解决同学之间的冲突，教给他们更加合理的情绪管理方法和问题解决方法。当老师在情感上对学生有更多关怀时，学生将会有更强的自控能力、更弱的攻击性。

3. 留意隐形歧视行为

班级就好比一个小型的社会，学生在身体特点、性格特点、家庭经济状况等很多方面都存在差异，很容易出现强对弱的歧视行为。老师往往会忽略隐藏在学生一言一行中的歧视，从而放松了警惕，导致事态升级，甚至自己也在无形中带头歧视，给学生带来巨大的伤害。作为老师，需要留心班级里可能存在的歧视行为：学生因成绩被分为三六九等；攀比鞋子或是服饰；很多固定的小团体；给同学起带有侮辱性的外号；损坏同学的物品后，拒不道歉；经常说脏话或是辱骂同学，但不以为然……

发现类似的行为，老师需要引起重视，了解更多细节信息，判定有没有可能会演变发展为校园欺凌事件。如果存在这种可能性，就需要在第一时间严肃处理。

4. 推动性别平等教育

2021 年 1 月 29 日，"教育部答复防止男性青少年女性化提案"

的词条出现在微博热搜榜榜首，这项来自全国政协委员的提案认为当前社会中青少年有逐渐女性化的倾向，这使得他们变得柔弱和胆怯，教育部有责任避免这种现象进一步扩大。教育部在答复中认可了培养学生"阳刚之气"的重要性。这一观点遭到了舆论的强烈反对，很多网友认为提倡"阳刚之气"意味着鼓励男性特质，矮化女性特质，是在进一步加深性别刻板印象。

的确，大量的研究发现，学生之间的欺凌和纷争，不但与学生个人有关，还与社会文化对性别的歧视有着密切的关联。传统的性别特质意味着男性要有攻击性、有男子气概，女性要举止端庄、温柔顺从，不符合这样特点的人就容易被当作异类。因此，更容易遭遇校园欺凌的，往往就是通常意义上的"弱势群体"：喉结不明显、声音纤细的男孩，泼辣的女孩等。他们常常会被贴上"娘炮""女汉子""坦克""变态"等标签，受尽嘲笑与挑衅。例如，某中学的学生叶某，就因为外形秀气、举止温柔，在学校里屡屡被欺凌。2000 年 4 月 20 日，15 岁的叶某被发现陈尸学校厕所。歌手蔡依林写了《玫瑰少年》这首歌来纪念他，呼吁更多人关注校园欺凌。

因此，预防校园欺凌，很重要的一点在于推动性别平等教育，减少社会文化中对性别的歧视。而老师就是改变群体态度、构建理想班级氛围的关键人物。老师有责任让孩子理解：世界上有各种各样的人，有些人的表现与主流社会文化不同，我们可以不喜欢，但没有权利去伤害他们，这是最基本的尊重。我们国家很多地区已经开始这方面的探索，例如，2018 年 9 月，广东省中小学开始全面推行性别平等教育；同年 12 月，天津市中小学开始推行性别平等教育，都在强调"男女平等"这一基本国策。这些地区的教育为我们提供了很多值得借鉴的经验，我们需要意识到"阳刚之气"不应拘于性别，不论男孩还是女孩，都应该成长为精神独立、思想强大、内心善良的人。

欺凌发生后，我们该怎么办？

在绘本故事《胆小鬼威利》中，猩猩威利非常善良。很多时候，明明不是自己的错，他也会习惯性的道歉。然而，有礼貌的威利却时不时地被郊区的小混混欺负，还总被叫作胆小鬼。他非常苦恼，一直渴望变强大。一次偶然的机会，威利收到一本教他变强大的书，他立马开始照做。他开始慢跑、练举重、学拳击、做有氧运动、吃营养大餐……几个月后，他开始变得强大……很强大……更强大……非常强大！与此同时，他的内心也变得越来越强大，面带微笑，走路时昂首挺胸。曾经欺负他的小混混看见他会掉头就跑，他甚至还有能力救下被别人欺负的小猩猩米莉。

面对被欺负，威利没有选择逃避。他有决心、有毅力，通过身体和内心的强大找到自信，勇敢地保护自己，是我们学习的榜样。面对欺凌，我们该如何保护自己呢？

1. 不把问题归结于自身

遭遇欺凌事件后，很多人会陷入自我怀疑的怪圈，认为一定是自己哪里做得不好才会被欺凌，总在想"为什么偏偏是我""都是我不够好，才会被欺负"……事实上，欺凌者的行为背后可能有着各种各样的原因，但无论原因是什么，都与你无关，不要总是把问题归结在自己身上。你的自责和害怕不会让欺凌行为停止，不要以对方的眼光看待自己，给自己贴上很多名不副实的标签，那不是真实的自己。

2. 坚定地表达立场

如果欺凌者对你说了有伤害性的话或者做了挑衅的行为，要第一时间把你的愤怒表达出来。挺胸抬头，正视对方，用坚定不移、毫不退缩的态度告诉欺凌者"我不喜欢这样，停下来！""走开，离我远点！"……坚定地表达你的立场，让他们知道你的边界。很多时候，如果欺凌行为在第一次发生时就得到严肃对待，就会大大减少其持续发生的可能性。

3. 忽视欺凌者

如果欺凌者不停地骚扰你，无论你说什么都不起作用，那么试着完全无视他，忽视他语言上的戏谑或挑衅行为。有时候欺凌者只是希望你能对他的行为表现出一些"有趣"的反应，而你的恐惧或者愤怒正是滋养他欺凌行为的"灵药"，会让情形变得更糟。你对他的不理睬，让他无法通过欺凌行为获得想要的效果，可能恰恰是最好的反击。

4. 成群结队

尽可能地避开欺凌者，远离他可能出现的地方。如果遇到，快速走到一个安全区域，比如有老师或者其他成年人看得到的地方。出行时尽量与你的朋友一起，这会让欺凌者很难接近你。虽然不应该因为欺凌者改变自己的计划和安排，但是不给欺凌者留下任何可乘之机将使他感到无聊而停止骚扰你。

5. 勇敢求助

如果你觉得事情已经超过了你能够应对的范围，就要立刻寻求帮助。没有人有权利让你感到不安、不舒服和痛苦，你也没必要独自应对这一切。向你足够信任的人，如向家长、老师和好朋友寻求帮助，向他们讲出发生的事实、你的感受以及你的需求，如"最近这段时间同学们都不和我说话，我觉得很委屈，妈妈，您觉得我该怎么做呢？""班里几位男同学一直给我起难听的外号，还总是推搡我，我觉得很无力，老师，您可以帮帮我吗？"……不要因为一次求助失败就放弃，一定有人愿意尽最大努力帮助你。

家长如何帮助孩子应对欺凌？

在综艺节目《婆婆和妈妈》中，演员秦昊谈起女儿在学校被欺负的事情时一度哽咽落泪。女儿米粒来到新学校后一直被小男孩欺负。夫妇二人将事情反馈给老师之后，小男孩对米粒的欺负更是变本加厉。作为父亲，在心疼的同时也倍感无奈，认为总不能因为被欺负就立刻转学，一直转学肯定不是解决问题的办法。

面对孩子被欺负，所有家长都有着同样的无力与困扰。那么，作为家长，我们究竟该如何帮助孩子应对欺凌呢？

1. 调整好自己的情绪

2018 年 9 月 21 日，浙江省某小学男生叶某在校打伤女同学的眼睛，女生的父亲心生怒气，携水果刀到学校寻找叶某报复，致其抢救无效身亡。2019 年 5 月 10 日，江西上饶市某小学男生刘某被同学家长刺死，原因同样是该家长认为女儿遭受刘某欺负，产生了报复杀人的念头……

发现孩子被欺负后，很多家长的怒火在第一时间被点燃，忙于声讨、指责欺凌者的过错。然而在过激情绪的支配下，家长既会忽略孩子的感受，也很难冷静地看待问题、化解矛盾。家长首先需要调整好自己的情绪，把孩子在成长过程中每一次特殊的经历都当作孩子成长的最佳契机，既不忽略问题，也不冲动处理。

2. 接纳孩子的情绪，同理孩子的处境

欺凌事件发生后，一定要看到、听到孩子的委屈、愤怒和无力，让孩子的情绪有一个出口。家长可以用"同学们都孤立你，不和你说话，这段时间你一定很难过。""被无端造谣，我知道你一定很委屈、

很愤怒。""被欺负不是你的错。""爸爸妈妈很理解你的处境，会尽最大努力帮助你、保护你。"……来代替"别哭了。""没什么大不了的。""你惹到他了吗?"……接纳孩子的情绪，给孩子足够的安全感，永远是解决问题的第一步。

3. 耐心倾听，了解事情的严重程度

只有给予孩子无条件的关注与倾听，孩子才有可能说出被欺凌的真相。通过与孩子的沟通，了解欺凌事件的前因后果，判断事件的严重程度，以此做好相应的应对准备。在这个过程中，家长需要让孩子学会明确判断什么行为是正常打闹，什么行为是欺凌。无论事情发展到哪一步，无论家长是否选择站出来主持正义，都要保证孩子的身心不受伤害。

4. 了解孩子的需求，征求孩子的意见

"打回去"是中国家长在教育孩子应对欺凌时最常用的方法。2017年，广州日报就曾报道过一条"3岁儿子被同班小朋友欺负，妈妈抓着儿子的手打回去"的新闻。在这起事件中，大部分网友都支持这位妈妈的做法，认为面对欺负一定要以其人之道还治其人之身。

被欺负后，其实并不是只有打回去这么简单。一个内向胆小的孩子，教他打回去并不会提升他的自信和勇气，逼其使用暴力反而会让他更害怕。

作为家长，始终要学着去了解孩子。面对欺凌时有的孩子可能手足无措，有的孩子希望自己去解决，有的孩子希望老师和家长介入……如果孩子有自己的应对方法，不妨给他独自解决问题的机会，这能让他学会与他人相处，学会化解危机。家长需要和孩子共同商量应对方法，听取、尊重孩子的意见。毕竟以暴制暴不是我们的初衷，要让孩子学会坚定地表达立场，勇敢地保护自己。

5. 积极与学校沟通协作

及时和老师说明相关情况。在沟通过程中，要以讲清事实为主，以寻求协作为目的，而不是一味地问责。上来就气急败坏地指责老师不作为，或者越过老师直接给校领导打电话，会让老师觉得自己被威胁或忽视了，显然不利于问题解决。这个时候，家长最需要的正是老师的帮助。一起协商后，如果认为需要采取进一步的措施，再去和教导处（或学生处）主任、校长等进行沟通，多方面为孩子的安全提供保障。

沟通后，积极配合老师、学校的处理方式，了解事情的处理进展。必要时护送孩子去学校，保护孩子不受伤害。如果事情已经到了非常严重的地步，收集孩子受欺凌的全部证据，保留每次与学校、对方监护人沟通的记录，寻求法律途径以及专业的心理医生帮助进行解决。

6. 事后复盘，提高问题解决能力

拥有自我解决问题能力的孩子，即使在解决问题时失败了，未来也能更冷静地面对困难。

——美国心理学家斯科特·派克

无论如何处理欺凌事件，冲突总归会恢复平静。找一个惬意的时刻，和孩子回顾欺凌事件的来龙去脉，帮助孩子想一想在什么时间节点，采取什么样的行动，可能事情就会有所不同。

欺凌事件不是成长的污点，不妨将这次经历当作打怪升级前不得不刷的副本，和孩子一同探讨应对欺凌的有效策略。如此一来，欺凌事件就不容易给孩子留下阴影。

首先教给孩子如何摆明态度，例如，"是你先欺负我的，这是不对的行为！""但我也打了，打人都不对，我也有错。""你为什么要欺负我，你能告诉我原因吗？""你先跟我说对不起，我也跟你说

对不起，我们以后还是朋友，你觉得呢？"……

其次教给孩子如何向外求助，例如，"有同学三番五次地欺负我，老师，您可以帮帮我吗？""上学路上总有人拦路要钱，妈妈你可以送我上学吗？"……

从欺凌事件中学会勇敢求助，学会自我保护，才能解开心结，顺利跨过这一关。

老师如何帮助学生应对欺凌？

单方面强调成绩的重要性，忽略了孩子品德和健康人格的养成，很容易弱化孩子的"社会角色"，导致孩子遇到问题时，不懂得采取正确的解决办法。

——心理学家爱利克·埃里克森

有的老师错过了学生求助的信号，有的老师没有准备好如何处理班级欺凌事件，有的老师担心被扣上"体罚"的帽子，在发现欺凌线索时小心翼翼……在现实的教育环境中，老师该如何帮助学生应对欺凌事件呢？

心理咨询师刘娜曾经写过一期关于校园欺凌的调查报告，她在其中提到了一位读者的故事：当时的他，插班来到市里读中学，因为身材瘦小、性格内向，被同学嘲笑为乡巴佬。班里一位男生总是欺负他，还总是鼓动全班同学加入欺负他的阵营。

有一次，当他去开水房打水时，一直跟在身后的男生突然用一茶缸滚烫的热水，顺着他的后背浇下去，所有打水的同学都因为他的狼狈笑得前仰后合。虽然当时衣服穿得比较厚，没有被烫伤，但他仍旧非常屈辱和伤心，哭着回到了班级。

班主任在第一时间发现了他的异样，了解了事情的经过后，班主任跑到开水房，同样打了满满一茶缸热水，鼓励他当着全班同学的面，把水浇向那个男生的后背。他当然没有浇下去。接着，班主任告诉全班同学："他没有去伤害同学，是因为他懦弱吗？不，是因为他善良，是因为他知道被欺凌的滋味，所以不想去当欺负别人的人。他更知道，真正的强者，不会欺凌弱者，而是用拼搏和奋斗，强大自己，帮助他人。我们都要谢谢这样的同学，我们都要当这样的同学。但今天这件事不能到此为止！"

班主任说到做到。当天放学后，班主任先在办公室郑重地告诉被欺凌的这位同学："这不是你的错，你以后遇到麻烦，一定要和我说，在学校里，老师就是你的监护人。"随后，班主任又通知他的家长和那个男生的家长来到学校，在教务处主任面前，讲清楚事情的来龙去脉，让欺凌者的家长保证回家好好管教孩子，让学校领导知道欺凌已经不是第一次发生，必须引起高度重视。

最让这位读者难以忘怀的是，自此之后，班主任始终留意他的动态，上课时经常鼓励他回答问题，每次发现他的小进步，都会当众给予肯定，自习课上也总在他身边停留，关心他是否遇到困难。因为班主任的严肃处理，班里再也没有人敢欺负他了。感恩于班主任的这份用心，他在学习上越发努力钻研，成绩突飞猛进，考上全市重点高中，最终还以全校第 10 名的成绩考上一所 985 大学。

老师如何帮助学生应对欺凌，将直接影响着事件中每一个人的走向。就像这位读者的故事，虽然事情已经过去 18 年，但当时老师的处理方式仍然令他记忆犹新，无比感念。作为老师，我们在应对欺凌时，可以采取以下五个步骤。

1. 立即采取行动，给予学生情感支持

如果恰好目睹事情的发生，立即将欺凌者与被欺凌者隔开，特别

是将双方的眼神隔开，并在第一时间疏散围观学生，避免被欺凌者受到二次伤害。

当双方平静下来后，在一个安全且保密的空间分别与欺凌者和被欺凌者单独谈话。大多数情况下，被欺凌者不会主动向老师求助。我们可以向他明确表达学校应对这类问题的坚定立场，例如，"学校不能接受以任何理由的欺凌行为。""发生欺凌事件不是你的错。""你没有找麻烦。""不要一个人独自面对，我一定会帮助你。"……给被欺凌者多一点的信任和安全感，让他有机会充分表达自己的害怕和无助、愤怒和不甘。老师对被欺凌者的感受的充分理解和接纳，会帮助他减少内心被欺凌的羞耻感，促使他更有力量地去面对问题。

2. 充分了解事情，判断事情的严重程度

老师和学生之间存在信息不对等的情况，当欺凌事件发生后，老师的注意力往往会集中到欺凌行为上，很可能会遗漏一些关键点，因此需要充分了解事情的来龙去脉，调查事实。向学生了解欺凌行为发生前，双方之间发生了什么事情？双方是如何处理的？欺凌事件发生时，双方是如何做的？有哪些人目睹或旁观了全过程？他们是如何做的？欺凌事件发生后，双方是怎么处理的？

对事件的充分了解，能够为解决问题提供正确的思路。如果判断欺凌行为是偶发的，冲突在可解决范围内，则批评教育欺凌者，让他明白欺凌行为是不能被接受的，是有后果的，对方是很受伤的，并教授更加合适的解决方法。可以让欺凌者写检讨，解释自己的行为及其带来的影响，以及对整件事情的感想。需要时也可以给被欺凌者写一封道歉信。如果判断欺凌行为是频发的，给被欺凌者造成了很大的困扰和影响，则采取后续处理措施。如果老师因为某些利益驱使，袒护其中一方，一方面会对被欺凌者造成二次伤害，另一方面也会让欺凌者滋长错误的价值观，埋下恶果。

3. 与双方监护人沟通，上报学校

每起事件的严重程度都不同，如果判断这一事件超出了老师能够处理的范围，或者带来了严重的负面影响，要第一时间上报学校，告知分管领导事件发生的时间、地点和过程，配合分管领导依照学校反欺凌预案开展工作。

尽可能在分管领导的陪同下与双方监护人在当天单独会面，分别解释所发生的事情，保存好交流过程的全部材料。

告知欺凌者监护人所发生的情况以及欺凌行为是如何被制止的，解释学校和班级对这种行为的处罚措施，以及学校会尽力帮助孩子改变错误行为，同时也需要家长的配合与帮助。

告知被欺凌者监护人欺凌是学校绝对禁止的行为，解释老师和学校正在采取哪些具体行动处理和预防欺凌行为，后续将会与监护人保持密切联系，告知事情处理进展。

4. 提供后续的支持与帮助

校园欺凌问题的背后，往往隐藏着学生的成长经历、心理需求等复杂的因素，老师不能止步于制止行为的发生，更要在冲突缓解后提供进一步的帮助。

对于欺凌者，老师需要理解其行为背后的更深层次的意义，否则对欺凌行为的干预仅仅是"治标不治本"。如果他在实施欺凌的过程中获得了自尊、掌控感、认同感或者幸福感，一时的惩罚或许有效，但他很可能不会轻易停止这样的行为，会故意忽略可能发生的危险和后果，转而采取更加隐蔽的方式继续实施欺凌行为。在这种情况下，老师需要意识到，欺凌者虽然多有攻击和伤害的习惯，但不是一无是处，其往往具有一定的社会技能，在同学中更有号召力和组织力。他们缺少的是获得成就感的机会、处理负面情绪的能力，有的还缺少同理心。作为老师，可以给他们提供满足心理需求的替代性活动，帮助

他们以非暴力的方式来应对问题。当他们能够从替代性活动中获取自尊、掌控感和认同感时，欺凌的行为就会随之消失。

对于被欺凌者，受欺凌是一种很深的创伤体验。可以帮助其向学校的心理老师求助，接受专业的心理辅导，或者邀请心理老师在班级开展相关主题的团体辅导，让经历过和有可能经历欺凌的同学相互支持，培养社交技能。

5. 利用心理剧

心理剧是通过特殊的戏剧形式，让参加者扮演某种角色，以某种心理冲突情景下的自发表演为主，将心理冲突和情绪问题逐渐呈现在舞台上，从而宣泄情绪、消除内心压力和自卑感，增强参加者适应环境和克服危机的能力。心理剧是应对校园欺凌的有效途径，学生可以在心理剧中清晰地看到欺凌者、被欺凌者、旁观者等不同角色的真实表现，切实感受到欺凌带给每个人的影响；心理剧中的雕塑技术还可以帮助学生将生活中的语言活动转化为无声的肢体语言，如面部表情、身体姿态等，具有极强的画面感，可以带给学生最真切的感受。在实践应用篇中，会提供案例供大家参考。

如何修复欺凌带来的心理创伤？

因为每种伤害都存在于生命内部，而生命是不断自我更新的，所以每种伤害里都包含着治疗和更新的种子。

——美国心理学家彼得·莱文

校园欺凌，是几乎会给任何人都带来严重困扰的重大生命事件。事情过去很久，被欺凌的伤痕很可能还在隐隐作痛，影响着被欺凌者的行为模式和人际关系。被欺凌者该如何修复欺凌带来的心理创伤呢？

1. 承认自己被欺凌

被欺凌会让人产生不安全感和无助感。在无力反抗的时候，被欺凌者往往会触发心理保护机制，努力、刻意地忽略或是遗忘被欺凌的事实。然而遗忘只是一剂麻药，痛苦会暂时消失，伤口却并没有愈合。即便事情过去很久，这些感觉可能依然存在。当一次又一次面对生活中的困难，潜意识中的紧张和焦虑会被不断唤醒，进而影响当前的正常生活。

因此，不要否认自己的感受，不要因为被欺凌而充满自责感，更不要去幻想如果自己当时坚强一点是不是欺凌事件就不会发生在自己身上了。不是的，很多时候欺凌者并不会因为被欺凌者的个人表现而停止欺凌，不要将欺凌者的错误转移到自己的身上。承认自己被欺凌，但这仅仅是一段经历，勇敢地与过去被伤害的自己握手言和。

2. 重建对自己的认识

那些难听的评价、负面的谣言是欺凌者出于恶意的故意贬损，并不能说明什么，更不能代表你的价值。你是什么样的人，只有你自己才能决定。从认真完成生活中的小事找到自信，给自己更多的肯定与成就感。就像在漫威世界里，每个英雄在获得超能力前都曾体验过作为弱者的感觉，所以他们才能够那么无私、那么自律地运用超能力。长大后的你，也慢慢发展出了更加强大的力量，能够应对生活中的挑战。所以，与其一味地沉溺于过去，一味地怀疑自己的价值，不如让这段经历成为一个契机，实现自我成长。

3. 在关系中疗愈创伤

大量的研究和临床个案显示，关系是让人们从创伤中恢复，并能够带着创伤留下的痕迹继续生活的重要因素。治疗关系、亲密关系、亲子关系、友谊，甚至是和动物之间的联结都会有这样的作用。有的人在爱与被爱的过程中消解了痛苦，有的人在健康的人际关系中感受到了善意，有的人在宠物全心全意地信赖中得到了治愈……在关系中，我们更加真实地感受到被接纳，感受到自己的重要性，敢于面对更加复杂的人际环境。

4. 重新叙述过去和未来

美国心理学家艾瑞克·弗洛姆在《逃避自由》中写道："人类在不能完全实现自由的情况下，一种是相信外在规律，逃避自由；一种是实现自己微观上的创作，微观上的个体自由。"书写是一种自助的疗愈方法，而"表达性书写"则是一种常用于创伤治疗的辅助手段，是一个改写生命故事的机会。尝试每天留出 15 分钟左右的时间，一点一点地将曾经被欺凌的经历以理性和客观的角度写出来。当过去的故事完成之后，发挥想象力，继续重新书写故事的未来发展和结局，然后活出这个重述的未来。当你能够以理性的角度回顾过去时，就会有力量开启未来的生活。

5. 寻求专业的心理帮助

如果始终对被欺凌的经历难以释怀，在生活中害怕与人发生冲突，常常陷入紧张和焦虑中，那么建议寻求专业的心理帮助。心理咨询师会和你一起剥茧抽丝，观察痛苦情绪出现的频率和触发因素，寻找修复的契机。心理咨询是另一种形式的成长，陪伴你以更好的姿态走向未来。

第 4 章

关于校园欺凌的 N 个误区

性格内向的人容易被欺凌?

在课题组成员做访谈时,问起了什么样的孩子容易被欺凌,或者提到被欺凌者,你头脑中通常出现的形象是什么样的。

性格上:内向、自卑、胆小、孤僻、阴郁、敏感、暴躁、攻击性强等。

形体上:怯弱、瘦小或肥胖、有残疾或口吃、卫生习惯差、邋遢等。

学习上:成绩差、笨、反应慢等。

处境上:转学生、随迁子女、贫困学生、留守儿童、单亲家庭等。

以上是相当普遍的回答。

当我们问,那学霸是不是就不会被欺凌呢?

哦,对对对,被访谈者往往一下子思路大开,学霸也是容易被欺凌的,而且长得很好看的、鹤立鸡群型的孩子也容易因为别人的嫉妒而被孤立。

是的。关于内向容易被欺凌,只是对校园欺凌一种想当然的刻板印象。有些人曾因各种各样的原因被欺凌、被孤立:成绩太差、成绩太好,长得不好看、长得太好看,家境贫困、家境优渥,父母离异、转班转学。在第 7 章,我们将以韩国影片《我们的世界》为蓝本,讨论关系欺凌。

我们每一个人都有可能成为被欺凌者。不论你是否家庭完整,不论你的相貌如何。"他人经受的,我必经受。"讨论校园欺凌这个主题,与其说是在关心别人,不如说是在关心自己。每个人都有可能成为被欺凌者。

甚至正是我们对被欺凌者有这样那样不良的刻板印象,才使得我们产生了下一个误区——"苍蝇不叮无缝的蛋"。

苍蝇不叮无缝的蛋？

柴静在《看见》中提道：我上中学的时候，学校附近有个小混混，他个子不高，看人的眼光是从底下挑上来的。每天下晚自习的时候，他都在路口等着我，披一件棉军大衣，就在那儿，路灯底下，只要看见一团绿色，我就知道这个人在那儿。

我只能跟同桌女生说这事。她姓安，一头短发，她说送我回家。

"你回去。"他从灯下闪出来，对她嬉皮笑脸。

"我要送她回家。"

"回去。"他换了一种声音，像刀片一样。我的腿都木了。

"我要送她。"她没看他，拉着我走。

一直送到我家的坡底下，她才转身走。那个坡很长，走到时我还能听到她远远的口哨声，她是吹给我听的。

有天中午上学路上，那个小混混喝了酒，从身后把我扑倒了，磕在街边的路沿上，我爬不起来，被一个烂醉的人压着，是死一样的分量。旁边人嬉笑着把他拉扯起来，我起来后边哭边走，都没有去拍牛仔服上的土。我没有跟任何人说这件事，最难受的不是头上和胳膊上的擦伤，也不是愤怒和委屈，是自憎的感觉——承受厄运的人多有一种对自己的怨憎，认为是自我的某种残破才招致了某种命运。

柴静在文中所提到的"自憎的感觉"，在心理学中被称为"被害者有罪论"。

被害者有罪论指的是遇害事件发生之后，有的人不去指责犯罪分子，反而苛责受害人，出现"可怜之人必有可恨之处""苍蝇不叮无缝的蛋""没有无缘无故的恨"等论调。简而言之就是：你没有保护好你自己，因而受到的侵害，你自己也是负有责任的。

被害者有罪论是基于"公平世界谬误"的。该谬误认为，世界是公平的，作恶才会招致噩运，做好事就一定有好报。相信公平世界谬误，是因为我们需要拥有"控制感"，需要认为自己的所作所为能主宰自己的命运，这样我们才能继续保持乐观，觉得自己不会遭遇类似的坏事。我们不愿相信人会无缘无故、无法预防地受伤害，不愿相信这世界有随机降临的坏运气，不愿相信好人也会倒大霉而求告无门，否则会让我们觉得无助和失控。

女作家林奕含在她以自己为原型的文学作品《房思琪的初恋乐园》中也阐述了这个观点，房思琪被深深地伤害了，却还要说"对不起"。长期性侵房思琪的禽兽老师，每每暗示房思琪，是你太漂亮了，是你太吸引人了，才招致我这样做的。禽兽老师惊喜地发现"社会对性的禁忌感给了他极大的方便，强暴一个女生，全世界都觉得是她自己的错，连她都觉得是自己的错。她模模糊糊地对全世界感到抱歉。罪恶感又会把她赶回他的身边……"

创伤后压力症候群的症状之一就是受害人会自责，充满罪恶感，认为是自己不好，自己做错了什么，才招致这样的罪恶。

受害者有罪论成为舆论泼向受害者的一盆盆脏水，让受害者内外交困，受到双重打击。最糟糕的是，这些脏水打湿了受害者的内心，让他们也觉得是自己不好。他们会放弃反抗，自暴自弃，这样就更加助长了欺凌者的气焰。

不经历风雨，怎能见彩虹？

这几年，因为一点"小事"自杀的青少年，实在是太多太多了。人们的一个普遍的认知是现在的孩子真娇气，缺乏挫折教育，动不动就寻死觅活的，我们小时候谁没被欺负过啊，也没见谁走上绝路啊！

真是这样吗？遭受校园欺凌就是在进行挫折教育吗？

对于挫折教育，存在着三大误区：

第一，把挫折教育等同于吃苦。让孩子干点苦活、累活、脏活，让孩子过点苦日子。

第二，把挫折教育等同于痛苦。故意制造一些挫折让孩子痛苦，美其名曰"挫折教育"。

第三，把挫折教育等同于打击。不论孩子做得多好，都一直打击他、否定他，总是拿他跟别人比。当他遇到打击时，让他自己承受，举名人的例子来鞭策他，让他跌倒了自己爬起来。

这样的挫折教育只会适得其反。各种调查报告已经证实：这种挫折教育教出的孩子，自杀率会更高。那么，真正的挫折教育是什么？

真正的挫折教育不是制造挫折，而是当孩子遭遇挫折和失败时，做他的坚实后盾，教他如何应对。就拿校园欺凌来说：

第一，让他敢于跟家长和老师说出他正在遭受校园欺凌，愿意向成年人求助。

第二，家长和老师要注意倾听，认可他有糟糕感受是正当的。

第三，一起想办法来处理，这在后面的篇章中有具体介绍。

第四，让他感受到支持和爱。

我曾经看到过这样一个故事：一个人在大概五六岁的时候，问他现在已经过世的母亲："我的宝物，是这个彩色的弹珠。妈妈，你的宝物是什么呢？"

母亲回答："我的宝物啊，是你哦！"

在此后的二十几年中，这个人无论被人背叛、伤害几次，挫折到想干脆放弃自我算了的时候，他都会想："怎么能死啊，我可是妈妈的宝物啊！"

家长对孩子的爱就是孩子应对挫折的坚强盾牌。当孩子遇到挫折和失败时，家长一定要及时告诉他："不管怎么样，我都很爱你。""别担心，我会跟你在一起。"

对于孩子来说，只有感受到家长的包容和鼓励，他才有底气去正视挫折。

前几天听到一句话，特别感动："想放弃的那个夜晚，幸好有你在。"

无论是家长还是老师，一定要做好这个"你"。

我们一定要明白："支持"才是"挫折教育"的核心。

被欺凌就要以暴制暴？

每个孩子都是家长的心头肉，看到自己的宝贝被欺凌了，家长难免头脑发热，恨不能拳头奉上，把欺凌自己宝贝的家伙打个满地找牙才解恨。

那些认为需要打回去的理由是：

第一，孩子被欺负，如果不打回去的话，那些欺负人的熊孩子可能会觉得你好欺负，就一而再再而三地欺负人，可能还把这当成一件好玩的事情。一味地忍耐是不行的。

第二，我们勇敢地还手，让他知道了欺负人是需要付出代价的，那么他就不会这么嚣张了。这样，我们不仅教育了他，避免他犯更大的错误，还保护了其他人，防止他欺负更多的人，这是在做一件非常正义的事情。

同时，也有人提出了担忧和顾虑：

第一，性格温顺的孩子不还手，怎么办？

第二，打回去后被打得更严重，怎么办？

第三，孩子由此也爱打人了，怎么办？

正所谓"公说公有理，婆说婆有理"，那究竟要不要打回去呢？

我们不是要给出标准答案，而是要根据孩子的具体情况智慧地解决。

看看欺凌的特点，欺凌不是势均力敌的打架，而是具有以众对寡、以大欺小、恃强凌弱的特点。

被欺凌者往往寡不敌众，势单力薄，打回去可能更吃亏。孩子的躲避和忍受，不仅仅是因为生性怯懦，还可能因为他更能看清双方力量上悬殊的差距。

因此，要教给孩子当他遭遇欺凌时，首先要保护好自己，注意搜集证据，在第一次被欺凌后，就坚定地向关键人物求助（可以是家长、老师等他信任的成年人），说出发生的事实、说出自己的感受、提出自己的诉求，这样的做法更加可取、有效。

孩子很厉害，不会吃亏？

有的家长怕孩子吃亏，遇到孩子之间发生争执时，不是亲自出马替孩子摆平，就是鼓励孩子厉害点，不能被人欺负，还会时不时当着孩子的面宣扬：吃了亏不出声，那人家还不天天欺负你呀！厉害点，咱不欺负人，但也不能被人欺负。

在这种心理下，孩子之间无意的推搡，争抢玩具时的打闹，可能都会被分不清轻重的孩子误当成被欺负了。有些家长在放学接孩子时会问：今天有人欺负你吗？这些问题就是导向，孩子可能会把小事夸大后去描述。诚如一位妈妈所言，本来是担心女儿吃亏、被人欺负，所以女儿的玩具被人抢了，我会去找人家不依不饶，直到人家点头认错为止。女儿在学校被别的小朋友推了、碰了，我就让她推回去，不能罢休。结果却把女儿惯成了坏脾气，她反而成了欺负别人的人。

家长看到各种媒体频频曝光的欺凌事件，担心自己的孩子被别的孩子欺负，是人之常情。但一味地告诉孩子要厉害，不能吃亏，孩子可能会因为有家长撑腰，而不懂得谦让，去拼命争夺，表现出攻击性，变得很霸道。长此以往，孩子可能反而变成了一个欺凌者，变成你最初反对的那种人。

欺凌者就是恶？

提到欺凌者，我们的脑海中本能地会闪现出狰狞的狂笑、挥舞的拳头、可憎的面目和蛇蝎的心肠。不论是被欺凌者本人还是被欺凌者的父母，光是想想就不禁毛骨悚然。欺凌者简直就是恶的化身，肢体欺凌让我们的身体鼻青脸肿，关系欺凌让我们的精神备受折磨。有时候会想，一个尚未成年的孩子，本应天真烂漫、无忧无虑，怎么会那么坏呢？

其实，青少年的七情六欲不仅不比成人少，而且比成人还敏感，他们的前额叶发育尚不健全，情绪控制能力相对薄弱，导致他们会更加在意来自周围人的评价，更需要得到关注和回应。

在现实生活中，那些得到了足够的爱与陪伴的孩子，因为家庭氛围温馨，监护人在生活上给予悉心照料，在情感上给予关注和满足，常常心思单纯，与人为善，即使他们被算计了、碰壁了、遭殃了，幸福的童年也足以治愈一生，他们在富足的心理支撑和亲人的爱与支持之下，也会慢慢走向成熟，适应复杂的社会。幸福的人往往真诚待人，没什么心机，他们会带着自己的幸福，满心欢喜地成全别人的幸福。

而那些文学作品中的反派或者现实生活中的欺凌者，看上去为所欲为、耀武扬威，细究根源，他们常常是不幸的人。诚如托尔斯泰所言：幸福的家庭是相似的，不幸的家庭各有各的不幸。欺凌者可能来自问题家庭，被遗弃、被忽视、被野蛮打骂，缺乏关爱和同情，他们靠着攻击获取存在感，哪怕他们有一个看上去光鲜的原生家庭，但他们可能并没有得到过爱，来自父母那不为人知的暴力和冷暴力、忽视和冷漠，只看学习成绩而不管心理诉求的攀比和刺激，让他们急躁易怒，攻击性强。

凡是伤害人的人，都是不幸的人。看到他们成长中的背后的故事，可能有助于我们多一些对欺凌者的理解。不仅要有必要的惩罚，让他们惊醒和承担后果，也要对他们温柔以待，抚慰他们同样受伤的心。

我是未成年人，我怕谁？

未成年人在社会中属于弱势群体，因此国家和社会对未成年人给予了特别的保护，如设立监护制度、制定《中华人民共和国未成年人保护法》等。这就使一些人产生了错觉：不满十八岁就不用承担任何责任。

果真如此吗？非也！请注意几项法律规定：

《中华人民共和国刑法》第十七条："已满十六周岁的人犯罪，应当负刑事责任。已满十四周岁不满十六周岁的人，犯故意杀人、故意伤害致人重伤或者死亡、强奸、抢劫、贩卖毒品、放火、爆炸、投放危险物质罪的，应当负刑事责任。"

除刑事责任外，未成年人造成他人人身损害或财产损失，还应承担民事赔偿责任。

　　《中华人民共和国民法典》第一千一百七十九条至一千一百八十七条规定了侵害他人给他人造成人身损害、财产损害的，应当承担相应的人身损害赔偿责任、财产损害赔偿责任和精神损害赔偿责任。但因未成年人并无完全行为能力和经济来源，故其造成他人损害的，由监护人承担侵权责任。如果该未成年欺凌者有自己的财产，可以从本人财产中支付，不足的部分，可由其监护人承担。同时，需要指出的是，未成年人参与校园欺凌，情节严重的将会面临刑事责任。已满十四周岁不满十六周岁的未成年人，参与校园欺凌，造成他人重伤及以上后果的，需要承担相应的刑事责任。十六周岁以上的未成年人，造成他人轻伤及以上的，需要承担刑事责任。即使打人不重，只要动手就有可能受到行政处罚，一般会保留案底，对日后的工作和生活也会产生负面影响。

　　同学们，人类社会进步的历史清晰地表明：作为社会构成的一分子，没有谁可以不对自己的行为负责任！不受约束、不担责任的人是没有的，也是不可能有的！尽快从"我是未成年人，我怕谁"的误区中走出来吧！

第二部分

实践应用篇

案例：《悲伤逆流成河》

2018 年，全国各大影院上映了一部备受关注的、有关校园欺凌题材的电影——《悲伤逆流成河》。女主角易遥被欺凌的不幸经历，引起了人们广泛的同情、愤慨和悲伤。影片的最后，易遥义无反顾地冲向大海，似乎不是奔向死亡，而是奔向自由和永生，奔向一个没有欺凌的天堂。她的悲伤逆流成河。那么，悲剧是如何酿成的呢？我们先从主要人物的心理活动说起——

内心独白

被欺凌者易遥：我这个人做什么事都考虑后果，但我的人生依然很糟糕。爸爸在我很小的时候就去世了，我们家靠妈妈给人按摩过活。我们家是真的穷，穷得连新校服都买不起。妈妈说我是赔钱货，不高兴了就打我骂我，我想：这都是我的错，跟我沾边的人都会倒霉的。我哭，然后躲开，也不再和妈妈多说话了。前不久，我得了一种叫疣的病，需要花很多钱治。因为去大医院治疗太贵，我就去小诊所，结果被同学唐小米拍到了。她告诉同学们，说我得了不好的病，是病原体。一传十，十传百，全校的同学都知道了，说我的妈妈不正常，我也不正常。每天进学校我都会低着头，我怕看见那些鄙视的目光，怕听见同学们窃窃私语……他们往我身上泼红墨水，往我背上粘纸条，用难听的话骂我，给我编下流的绰号，我都忍了。可是，我的心里苦呀！这样的日子什么时候才能结束呢？是不是只有我死了才不会痛苦？人为什么要选择活着？

欺凌者唐小米：我刚转学过来进班的时候，还主动跟易遥打招呼来着，可是她爱搭不理的，我就看她不顺眼了。后来看到班长对她那么好，又是结伴上下学，又是带她看病，我这心里别提多气了。就她那模样，又穷又丑的，哪点比得过我？我就是想找点事儿，好好收拾收拾她。在以前的学校，别人看我不顺眼欺负我，我太丢人了，太没用了！我都这样受欺负了，她凭什么就能过得这么开心呢？在这个学校，我就是要让她也不舒服！她越难受我就越高兴，我还是很厉害的！还是有人怕我的！

欺凌助手胖女孩：唐小米又漂亮又有钱，还是从重点中学转来的，好羡慕她呀！我在班里普普通通，学习一般，长相也不行，还挺胖，以前有很多同学也不愿意跟我玩儿呢！现在好了，我要是帮着唐小米对付易遥，就是和她一伙的，那我得的好处太多了。这不，班上最厉害的女生也加入了我们这一伙，我再也不怕别人不和我玩儿了，也不怕谁来欺负我了！

欺凌助长者：学校生活好无聊，好没意思。易遥得病了？什么病？医生亲口告诉你的啊，这么恶心！这事儿有意思！快去告诉其他人，告诉身边的朋友，大家都离她远一点，她就是个灾星。什么？这件事全校都知道了？易遥被人从楼上泼红墨水了？她要跳海了？快快，快去看看！这事太刺激了！

局外人：说实话，看着易遥在学校被欺负，有时候觉得她挺可怜。可这和我有什么关系呢？她不是我的好朋友，她自己又那么胆小，不敢反抗。要是我帮了她，万一唐小米报复我怎么办？也来欺负我怎么办？弄不好就变成传我们两个人的谣言，那些讨厌易遥的人也会讨厌我，麻烦可就大了。再说了，那么多人，还有老师，也都不管呢！既然不关我的事，我还是躲远点吧！

欺凌反对者顾森西：学校里胡说八道的人那么多，我才不听那些垃圾话。易遥多可怜啊，别人这么欺负她，也不敢反抗。我发现她越害怕，别人越来劲。这样不行，我得教她反击。我还要帮她，一起对付那些欺负她的人！我是英雄，我要救易遥！

我们可以看到：在学校这个浓缩的小社会中，校园欺凌也是一种社会化的现象。而隐蔽性比较高的言语欺凌（当众嘲笑、辱骂、奚落对方，起侮辱性外号，传播流言蜚语）就成了悲剧制造者一开始最常采用的方式。曾经也是受害者的唐小米，由于嫉妒、受挫和自我价值的需求，变成了欺凌者。那些被动的欺凌者和旁观者，不管是出于自保，释放负面情绪，还是出于从众心理，都是校园欺凌的助推者。正如易遥跳海之前说的："你们比石头还冷漠，你们又恶毒又愚蠢，你们胆小怕事，动手的没动手的都一样！杀死我的凶手，你们知道是谁。"在这个小社会中，处于弱势群体中的易遥，成了强权团体为了获得心理平衡而选择的受害者。这就是悲剧产生的源头。

幸好，还有欺凌反对者顾森西在帮她，如果在旁观者中，多一些像顾森西那样的同学，在易遥受欺凌的时候勇敢地为她发声，也许就不会演化为最后的悲剧结局。可悲的是：很多旁观者并不自知。他们不知道自己跟随的一个行为、一句话，就可能对被欺凌者造成很大的伤害，助长了欺凌者的气焰；也不知道自己的一个小小的搀扶，给老师写的一封信，就可能帮助被欺凌者远离痛苦。这也许是预防悲剧的一个重点。

易遥是一个内向、倔强、自尊心强的女孩，遇到问题总是自己想办法解决，不给妈妈和老师添麻烦，这很好。但是她忘了，自己毕竟是一个青春期的少女，还没有长大成人，她有权利获得父母、老师的帮助，更应该学会向别人求助。这可能是结束悲剧的一个方向。那么，她该怎么做呢？让我们回到三个场景中。

如何求助?

情景一 | 家中(发现自己下身疼痛)

易遥:"妈,妈!"(妈妈在打电话)

妈妈:(挂了电话)"你一大清早地嚷嚷什么呀?又怎么了?"

易遥:"我,那个,我有点不舒服。"(声音很小,妈妈似乎没听到。没等一会儿,就放弃了告诉妈妈的想法。)提高了声音说:"没事儿!"(很多误会就是这么产生的,我没听到,你却放弃了沟通。)接着又和妈妈说:"新校服的钱,老师催了很多天了!"(拿老师的话跟妈妈要钱,却没有说出自己在学校的感受和同学们都换了新校服的事实。)

妈妈:"你这校服才穿了一年多,换什么换?浪费钱。"

易遥:"这话你不用和我说,和老师说去。"(明显是在惹火置气,解决不了问题。)

在这个场景中,我们可以发现,易遥需要学习新的沟通方式,学会示弱和求助才能达到自己的目的。新的沟通方式就是:说出事实,讲出感受,提出需求。例如,在妈妈问她怎么了,她小声说难受,妈妈依然没听到的时候,一定要抓住机会,大声地再喊一遍:"妈,你快来看看呀,我这里疼了好几天了,又红又痒(说出事实),是不是生病了呀?好难受,我都没法上课了(讲出感受),你带我去医院看看吧(提出需求)!"此时妈妈过来,看到了她的病情,怎么会置之不理呢?还有,在易遥向妈妈要新校服的钱却没有拿到的时候,也可以先说出事实:"可是全校的同学都换了新校服,上操就我一个人穿着旧校服,有同学笑话我,集体活动时,也给班级丢脸。"然后讲出感受:"我很难堪的,妈妈,我觉得自己不如别人,很自卑。"接着提出请求,甚至是一个有建设性的建议："要不你跟老师说说，晚点交钱，先让我穿上新校服，我这周去跟奶奶要了钱再交，行不？"在这里如果认识到妈妈不可能同意的话，可以向关键人物求助，如特别疼爱自己的其他长辈或亲戚都可以。很多时候，未成年的我们，用示弱和求助是完全可以达到目的的。如果当时说不出来，我们还可以用写的方式，如冰箱贴和写给妈妈的信。

冰箱贴

妈妈，我生病了。今天早晨没有来得及和您说清楚。我去了医院，医生说这病要花很多钱治，我没有钱。医生说我是您的女儿，您是我的监护人，您有义务保护我，所以请您带去我治病吧。

给妈妈的一封信

亲爱的妈妈，您好！爸爸去世已经好多年了，我看到您一个人辛苦地工作，供我上学，心里很内疚，也很难过。我常常想，如果我不是女孩，是不是就不是您说的赔钱货了呢？就不是您的累赘和麻烦了呢？如果我18岁了，可以工作和挣钱了，您是不是就不会打我骂我了呢？我给您做饭，干家务活儿，有什么困难都尽量一个人解决，不给妈妈添麻烦，就是希望能分担您的辛苦，看到您的笑脸。妈妈，您可以别骂我了吗？可以温柔地关心我一下吗？哪怕是一次也好啊。我真的生病了，不是装的，医生可以证明。您能带我去治病吗？我真的好难受……

我相信，易遥的妈妈即使再无情，看到亲生女儿对自己爱的表白，知道她的确生病的事实，是不会坐视不管的。事实证明：的确如此。影片中当妈妈发现易遥生病了之后，果断地拉起她的手，在弄堂里人的诧异眼光之下，带着她去看病的场景，让人非常感动。所以，写一封求助信，也是可以帮助到易遥的。

其实不只对父母，我们在被老师、同学、朋友误会之后，也可以用写信的方式来沟通。沟通的过程依然是：说出事实，写出感受，讲出需求。如果对方是关键人物，也要学会示弱和求助。而倔强的易遥，次次都是自己承受、自己解决，结果呢？导致被齐铭误会、被顾森西埋怨，最后不堪忍受背负杀人犯的流言，以自杀来解脱痛苦。这样的代价实在是太大了。所以，下面让我们来到第二个场景中，看看被人冤枉之后，对方口出恶语，易遥还可以怎么做。

情景二 ┃ 食堂里，一个男生和易遥擦肩而过之后，不小心把饭盒里的饭撒在自己身上了，气急败坏，迁怒于易遥，大声喊："你有病啊！"

易遥：没有回头，也不作声。（对方等待她的回应，也可能在试探她的底线，不作声会让对方更加恼怒，或更加嚣张，虽然有停止的可能，但是因为看到的人太多了，大概率会选择继续挑衅。）果然——

男生又喊："你确实有病，但是你能不能行行好，只脏你自己，别脏了别人啊。"（不带脏字儿的侮辱。）

易遥：眼神凌厉地看着他，还是不说话，然后走开。（又错失了为自己辩解和维护自尊的机会。）

在这个场景中，我们看到：易遥的内向和不善言辞，使她在面对这些恶言恶语的时候显得力不从心，无法应对。而周围的旁观者也没有人勇敢地为她发声，所以，这个时候就只能自己救自己了。再害怕，再不会说话，也要转过身面对他，质问他："我哪里有病？到底是谁碰翻了你的饭盒？凭什么说我脏？我们去老师那儿评理，让老师叫来你的父母，让全食堂的同学，包括打饭的师傅来做证，听听你都骂了我些什么，我要告到学校，看看到底是谁传我的谣言，学校不是对校园欺凌零容忍吗？我倒要看看学校会怎么处理这件事情。你们的言语，你们的侮辱，你们传我的谣言，都是校园欺凌！我已经搜集了证据，我会一层一层地告你们，你们带给了我多少伤害，我都要一个个地还回去！"

不错，这一番话是需要练习和提前做准备的。重要的事情说三遍，这一番话是需要练习和提前做准备的，这一番话是需要练习和提前做准备的。面对言语欺凌，我们不能一直忍，要有准备的反击。现场有很多人，是公共场合，所以对方即使再生气，也不敢做出伤害你的举动。这时候，正是用言语回击他的最好时机。但是，易遥选择了顾森西教她的做法：在学校用水冲同学，大家都骂她疯了，还去告老师了。这样的行为虽然解了一时的气，但的确属于不服从校园纪律管理，所以有理也变成了没理，导致被齐铭误解，被学校开大会点名批评。所以，要善于求助关键人物，善于用法律来保护自己。老师、学校、家长，包括班长齐铭，都是易遥可以求助的对象。这事还可以用写信的方式来求助。因为人写信的时候会比较冷静，可以适当地斟酌言语，能条理清晰地把事情的经过说明白，让看信的关键人物理解和同情自己，从而达到求助和解释的目的。求助信的结构依然是：陈述事实，讲明感受，表达诉求。我们以易遥写给齐铭的一封信为例解释这次冲水举动。

给齐铭的一封信

齐铭，你好！

今天你在食堂看到了我用水冲某某同学，你非常生气，认为是我变坏了，认为我在欺负他。可是齐铭你知道吗，在你去参加比赛的这段日子里，他们对我做了什么？先是唐小米说我得了病，接着就和几个同学一起传的谣言，说这是脏病，会传染，让大家远离我。后来几乎全校的同学都知道了。有一次在食堂里，有个同学把剩菜倒在了我的饭盆里。他们看见我都躲着走；就在今天，那个男生为了躲我，才把他的饭菜撒在了自己的身上，反过来还骂我有病，骂我脏，这已经不是第一次了。你要是我，你该怎么办？我们俩从小一起长大，我知道你对我很好，我不想让你误会我，请你相信我，我说的全是真话。齐铭请你帮帮我，帮我和老师解释，帮我和学校说一说，拿水冲同学不对，这件事我可以道歉，但是，请学校和老师也要为我主持公道，那些侮辱我、造谣中伤我的同学也要和我道歉。我苦得太久了，所以今天变成了仙人掌，因为我不想再被欺负了。齐铭，从小到大你就像哥哥一样照顾我，现在是我最艰难的时刻，请你帮我好吗？

这封信讲出了所有的事实，解释了她的举动，同时也表达了需要帮助的诉求。如果齐铭看了，以他的性格和跟易遥的情感，怎么会不帮她呢？如果易遥学会用信来求助和沟通，也许就不会有后来的第二次误会了。

我们知道言语欺凌是有隐蔽性的，更何况易遥面对的是一个特别会装好人的唐小米。在去科技馆的路上，她趁易遥去厕所的时候，告诉司机，车上的人齐了，让易遥错过了上车的时间。还在车上打开易遥的书包，花光了易遥钱夹子里的钱。这些事情都做得非常隐蔽。这些看似玩笑的行为，都隐藏着恶毒的动机——就是针对你，要你；就是要你难受，要你好看。这就是蓄意的欺负，这就是校园欺凌。当易遥发现的时候，非常愤怒。因为钱是她的高压线，她就是因为没钱，才一直没有治好病。让我们进入这个场景当中，看看易遥又该学会什么。

情景三 ▌ 在校车上，易遥打开钱夹，发现钱没了。

易遥：(拉着唐小米)"我的钱呢？你别装，我的钱哪儿去了？"

唐小米："干吗啊？"(底气不足)

旁边同学递过一袋吃的，说："这儿呢！"

唐小米：(恍然大悟)"哦，易遥请我们大家吃蛋糕。大家谢谢易遥，易遥的钱也是和我们一样的钱，和我们的钱没差别，大家不要歧视。"

另一个同学："来，我给大家分。"

易遥："你把我的钱都花光了？"

众人："没花光，没花光，还有呢！"(递过来几个钢镚)

易遥崩溃，开始打唐小米。

这一局看似易遥赢了，出了气，打了她恨的人。唐小米也忽视了易遥的力量，受到了惩罚。但是，易遥后来被叫了家长，把有理变成了没理。唐小米由此更恨她了，联合了社会上的坏人来对付她。这能算彻底的赢吗？那么，有没有更好的办法，抓住这个契机，让易遥彻底摆脱欺凌呢？也许易遥可以学会："把事闹大，得理不饶人！"

我们看到：全班大部分同学都知道钱是唐小米拿的，而且没有经过易遥的同意，拿人钱的行为属于偷窃。车上有成人司机，也可能有监控，总之，易遥可以找到证据证明唐小米偷了她的钱。这就是她的理。当大家把钢镚递过来的时候，易遥只要把情绪稳住，深呼吸，告诉自己保持冷静，然后到司机那里证实情况，并且录音，就能给唐小米等人压力了。她可以拿着证据找老师、找学校，向唐小米的父母提出要求：让唐小米当众道歉，写保证书或悔过书，赔偿自己的损失。让她当着全校师生的面，澄清对自己传的谣言。这就是"把事闹大，得理不饶人。"学校关注到这些事情，会及时对唐小米进行教育，保护易遥，此后，唐小米的父母也会看管好她，因此，大概她不会有机会再去找社会上的人害易遥了。这样做，不就摆脱欺凌了吗？

所以，每个被欺凌的孩子都一定记住：学会有效沟通，搜集证据，用法律保护自己，及时向关键人物求助才是硬道理。不要认为被欺负都是自己的错，不要相信忍一忍就过去，要拿出勇气来直面恐惧，用智慧对付那些欺负你的人。当你更强大的时候，你会发现：你从今以后再也不会害怕那些满满的恶意，你甚至可以保护那些像你一样被欺负的人，因为你在痛苦的经历中学会了坚强和勇敢。

不再沉默

在这场校园欺凌的悲剧中，有一个独特的群体，就是那些沉默的旁观者。有数据显示：有43%的旁观者试图帮助被欺凌者，他们看不过去了，很同情，很压抑。电影中就有这样一个女孩，她屡次想帮助易遥，但却做不到，因为不敢，因为害怕。当易遥要跳海时，旁边那个经常起哄的同学说"我们什么都没做"的时候，她狠狠地扇了对方一个耳光。这一记耳光其实也扇在了她自己脸上。长久以来的同情、压抑和内疚感，也折磨着这些沉默的旁观者。这一切都告诉我们：如果不做旁观者，做一个积极的关注者，像顾森西那样的辩护者、勇敢者，一定可以大大减少和制止欺凌行为，也让自己安心。因为帮助别人，实际上也是帮助自己。你怎么知道，下一个被欺凌的不是你呢？

当沉默的旁观者变为辩护者的时候，也是对自己心理能量的积极肯定！下面我们来讨论怎样才能不做沉默的旁观者。

当无意或有意遇到了别人被欺凌的事件时，我们首先要明白：你有头脑，有自知之明。

如果你的身体够强壮，心理够强大，可以像顾森西那样挺身而出。斥责欺凌者的言语、行为，帮助被欺凌者进行反击。此时的你拥有着正义的力量、强者的力量，不但可以救出被欺凌者，还可以赢得大家的尊敬，带动班里的正能量去反抗欺凌。你就是彻彻底底的英雄。

如果你是班干部，记住，帮助老师预防校园欺凌是你义不容辞的责任。你可以立刻报告老师，联合很多同学组成反欺凌团队，保护班上的被欺凌者。

如果你行事果断，有正义感，有自己的朋友圈，可以把你的特长教给被欺凌者，带他进入你的朋友圈，做他长期的朋友。对你而言，可能只是一个小小的行动，但对被欺凌者而言，可能就是救命的解药。

如果你温文尔雅，人缘不错，不喜欢张扬，可以和稀泥，用"算了算了，别说了，老师快来了。""马上就考试了，赶紧复习吧！"或是"你们别起哄了，咱们走吧。"这些话为被欺凌者解围，终止欺凌行为。

如果你反应敏捷，行事谨慎，可以在欺凌者施暴的时候，偷偷地录下声音或者视频，悄悄地告诉老师、同学或被欺凌者的家长，也可以是任何一个能有效制止欺凌行为的人。这些证据一定可以帮到被欺凌者。但是有一点：为了保护自己，一定要让老师和关键人物为你保密。

如果你同情被欺凌者，也认识他，苦于没有体力和能力在现场帮助他，可以借助家长的力量，尽快联系被欺凌者的家长，以家长委员会的形式向班主任反映，引起学校重视。

如果你普普通通，平平凡凡，甚至比较胆怯，你可以不去围观，在欺凌者邀请你传谣或孤立他人时，假装不懂，不去参与；还可以单独去找被欺凌者，递给他一张纸巾，听听他的倾诉，给他一些安慰……

有数据证明，有 57% 的欺凌行为，会因为以上同学的作为而终止。所以，让我们永远记住：校园欺凌是青春中不能承受的痛，作为旁观者，我们要心存善意，身有力量！世界需要不同的声音，我们还可以做很多……

老师连线

整部电影，易遥的班主任似乎像是空气一样，在她遭受欺凌的时候一直不存在，只在她跳海的时候给出了镜头，非常纠结和难过。但也引发了我们的思考：这件事中，为什么这位班主任没有起任何作用呢？

1. 盲目自信

我们回想一下：易遥在食堂用水冲男同学之后，学校开大会点名批评她，开头就有教务处的老师这样说："一直以来，我们学校对校园暴力都是零容忍，始终坚持要讲文明，懂礼貌，守秩序，做言行规范、品格优秀的中学生。"对比之前易遥所遭受的欺凌，这番话是不是特别有讽刺的意味？没有调查，没有取证，只凭着一个事件，被欺凌者过激的反抗就被认定为蓄意滋事、校园暴力。从老师到学校，这种盲目自信和不作为，让孩子拒绝向老师、学校求助，丧失了他们本该起到的重要作用。

2. 忽视孩子被欺凌的信号

其实易遥被传谣言、贴纸条、泼红墨水、起外号等类似事情发生时，在班里一定会有蛛丝马迹，只是老师可能把它当成了玩笑，并没有引起足够的重视。即使易遥迟到、生病、旷课、逃学、情绪极度低落，也没有让这位粗心的班主任有所察觉，而易遥又不是会主动求助的孩子，所以这根线总是断的。

3. 对老师这个职业淡漠的责任意识

孩子们来到学校，把该教的知识教给他们了，只要不出事儿，安安稳稳回家，作为老师，我的职责就尽到了。在当今社会，有很多老师会这样想。其实不然。老师这个职业是一个良心活，传道、授业、解惑之外，还肩负着点亮孩子心灯的使命。如果这位男老师平时能够多关注这些处于弱势的孩子，在易遥交不起校服钱的时候，在她的书包屡次被扔的时候，给予力所能及的帮助和支持，尽力做一位有温度的老师，那么易遥怎么会不把他当成支撑，怎么会不求助于他呢？所以，如果老师能感同身受地理解和爱学生，就能够给学生撑起一片天，陪伴他走过这段艰难的青春之路。

易遥的老师最后写道："我和我的学生上了人生中最沉重的一课，让我更深切地意识到，一个人获得作为人的良知，要通过教育。"是的，不管是学生还是老师，都要不断地接受教育，修正自己。所以下面，连线老师，让我们看看在预防和应对校园欺凌中，老师可以做些什么。

4. 要有灵敏的嗅觉

校园欺凌是非常有隐蔽性的，欺凌者首先会躲开老师的视线，他们会选择食堂、校门口、楼道、厕所、操场、上学或放学的路上等地方来实施欺凌，所以老师很难发现。这就需要老师具备灵敏的嗅觉。具体该怎么做呢？我们知道：一个人的力量是有限的，所以要运用群众的力量。学校要培训门卫、保安来观察学校门口和周边的欺凌现象，及时告知校方。请体育老师、课间值周老师、食堂管理员和宿管老师多留意学生在操场、宿舍和学校其他地方的活动，发现学生有欺凌的苗头时及时制止。班主任也应多去和这些老师交流，让他们多帮助自己留意学生的动向。这就等于在学校的各个地方都有人在管理和发现，哪个学生经常被人推搡、辱骂，哪些学生聚众抢了谁的书包，都能知道。这样就能最快地嗅到欺凌者和被欺凌者的味道，及时干预和应对了。

当然，除了以上做法，也要鼓励和调动学生反校园欺凌的热情。例如，可以让班里有正义感、能力强的同学作为反校园欺凌的组织者。该同学再选择几个信赖的同学作为成员，只要看到班里同学有欺凌的苗头，就积极阻止，同时告诉老师。再如，放置一个保护被欺凌者信箱，公布一个保护被欺凌者的电话，学生可以用写信、打电话的方式报告关于欺凌的情况，不管是自己的还是别人的。老师一定要仔细核实消息的内容，必要时和报告者谈话，弄清楚发生的事情，如谁参与了，发生在哪里，还有没有别人看到等。要详细记录，并且给报告者保密，对事情给予最大程度的重视。做到了以上几点，不管哪里有动静，老师都能立刻感知到，这就具备了灵敏的嗅觉功能。

5. 要有快、准、稳的行动指南

当老师发现并确定是欺凌现象后，一定要及时进行处理，这就是快。因为在最短的时间内处理好，就能把伤害降到最低。面对正在进行的欺凌行为，立即驱散旁观者，当场制止。如果欺凌行为已经进行完，要在第一时间找来被欺凌者、欺凌者和重要旁观者，详细掌握第一手资料并做记录，确认欺凌成立，并且有记录和证人，这就是准。然后在班内当作重大事件进行教育和批评，要欺凌者当面向被欺凌者鞠躬道歉，还要叫来双方家长，告知校领导，三方面谈，确定欺凌事件各自应负的责任，明确今后教育的方向。老师不要大包大揽，而是要唤醒各方责任到位，这就是稳。总结一下，快、准、稳的行动指南就是：速度要快，落实要准，心态要稳。一位初中三年级班主任，在走廊里听到孩子说：他们班的某位女生，前几天在厕所被扒衣服，还被同学录成了视频。这位班主任立刻把这位女生带到办公室，问明情况，找来当事人，找到视频，通知教导处并约谈了双方的家长，让欺凌者当场向这位女生鞠躬道歉，并做出书面的保证。欺凌者的家长也表达了对这位女生及其家长的歉意，学校为大家普及了校园欺凌的相关法律知识。女生回班后，双方家长和班主任又明确了如何做好自己孩子的家庭教育的干预工作。整件事情用两天处理完毕，三方都很满意。对于这件事，班主任没有在班级内大肆进行教育，她考虑了这位女生的意见，她不愿意让别人知道这件事情。所以这又是稳的一个补充。通过后续的回访，如此处理的效果是很好的。

6. 创设反欺凌的氛围

我们都知道：班级就像一个小社会，孩子们在这里学习人际交往，认识和发展自我。如果这个小社会的氛围团结、互助、友爱，那么这里的每个人都能感到安全和温暖。所以作为这个小社会的当家人，老师有义务创设一个反欺凌的氛围。在环境的布置上，可以开辟一堵防欺凌的规则墙；在班会上，由学生共同制订规则。例如，不嘲笑同学，不起难听的外号，不吓唬同学，不传谣，不八卦，不在网上骂人，不随便发布别人的隐私，不孤立同学，不推人打人，不强迫同学做他不想做的事，不抢同学的东西等。后面是违反规则要受到的惩罚，例如，在面壁角思过，写悔过书，当众道歉，叫家长，升旗时被点名批评，等等。老师和班干部负责监督和落实。这样的环境时时刻刻地提醒着孩子：不能做什么，如果做了会有什么样的后果。反复强化，时间长了，大部分学生就会自觉遵守。老师还要经常在班会和晨会上，做班级的团队建设工作，让学生凝聚在一起，以班级为家。例如，来了新的转学生，就是我们家庭的新成员，大家要提前讨论好，要用怎样的方式迎接他，谁负责帮助他熟悉环境，其他同学可以做什么，然后切切实实地做好，一个月后，请这位同学和大家分享他这一段时间的感受。这样做会很好地解决转学生的适应问题，还能共同体验爱的付出和传递，这就是一个非常好的反欺凌的氛围。

面对班里某些特殊群体时，如身体有残疾、阅读障碍、注意力缺陷、多动、家庭环境恶劣、孤僻等学生，要多一些关心和包容。老师从自身做起，引领孩子换位思考、换位感受，去理解他们的行为，锻炼同理心。课上课下，给这些孩子更多的机会去展现自己的优势，提高他们的自信心。定期开展故事会——让他们分享自己的感恩故事、难过故事、开心故事；还有"我喜欢……"活动，即分享自己喜欢或擅长做的事。有一个孤僻的孩子特别会做点心，在一次"我喜欢"活动中，她特意带来了自己做好的饼干，给大家分享制作过程，请同学们现场品尝。在一声声的称赞和感谢声中，她完成了在这个群体中被接纳和认可的功课。

事实证明，在中小学班级里，老师对校园欺凌的重视和认识程度越高，本班内的欺凌现象就越少，所以老师这个群体实际上担负了很重要的使命。愿每位老师都能成为孩子青春岁月里那个温暖的太阳！

家长作为

这部电影中没有出现唐小米的父母，把易遥母亲塑造成一个虽然有母爱，但是情绪不稳定、不懂教育、不善观察的妈妈。我们必须知道：易遥和唐小米都是受害者，而首先要为这件事买单的就是她们的家长。原因有二：

一是家长的忽视。在生活中，家长忽视了孩子的异常情绪、异常反应。例如，易遥被倒奶茶、泼红墨水，衣服上会有脏的痕迹，经常被辱骂，情绪也不好，言语过激，但是她的妈妈都没有注意到。唐小米在原来的学校被欺负，她的父母只知道给她转学，却忽视了孩子的心理健康。

二是缺乏自我教育的意识。易遥的妈妈把自己的贫穷、在社会上遭受打击引发的负面情绪大多迁怒到了易遥的身上，无数次的辱骂和责打会打击孩子的自尊心，降低她的自我价值感，让她觉得自己不配、不值得被善待。所以当别人欺辱她的时候，她不会反抗，甚至觉得自己就是活该，是灾星体质。我们知道，家庭教育方式会沿袭，可能易遥的妈妈小时候也是这么过来的。但是，如果知道这样不对，就要自我教育，及时改正，从我们这一代斩断这种家庭教育方式。可是易遥的妈妈一直任由自己放纵下去，丝毫不反省，不考虑孩子的感受。唐小米的家庭条件好，但是父母只忙着挣钱，不在她的身边陪伴，这也恰恰成为被欺凌的原因之一。嫉妒是校园欺凌的重要导火索，而经常独自一人，没有同学和家长的支持陪伴，唐小米就成了原来学校里的受害者。唐小米父母的观念可能是：为孩子创造一个良好的物质条件，现在忙点儿，是为了孩子今后的前程。他们没有意识到：教育孩子是一门功课，需要不断学习，要在每个阶段都去了解孩子的需求。正是这种不自知，导致了唐小米由被欺凌者转变为欺凌者，再一步步走向深渊。悲剧已然发生，两个家庭就此崩塌，可悲可叹啊！由此可见，作为家长，一定要重视孩子的心理健康，不断学习成长。因为这关系到你的孩子能否作为一个有良知的、健康正常的人立足于社会。下面就来看看：预防和应对校园里的言语欺凌，作为家长，我们可以做什么。

1. 家长在预防方面可以做什么？

（1）以身作则

在关系中不辱骂，不贬损，不说反话讽刺，不用冷暴力，不迁怒。

有问题积极沟通，就事论事，不拿情绪解决问题。

　　孩子就像猴子一样，他们的很多行为是跟家长习得的。我有一个同事说她非常喜欢婆婆。有一次，婆婆替她看孩子，孩子摔倒了，爬起来后就使劲地跺地，并且踢旁边的东西，反复说："都怨你绊倒我！打死你，踢死你！"她觉得很正常啊，因为她妈妈就是这样教她的，让孩子发泄一下愤怒。可是婆婆立即就把孩子拉了过来，对孩子说："你怎么这么生气呀？摔倒了真的挺疼，奶奶在老家的时候也摔倒过，不是被绊倒的，是奶奶边走路边看树上的果子，自己不小心踩到了泥上摔的。你再看看：刚才你是被地上的东西绊倒的吗？打了它们下次就不会绊倒了吗？想一想，该怎么做就可以少摔几次呀？来，咱们演一演。"从那件事后，孩子就很少把自己的错迁怒于别人了，而且，遇事总是积极地想办法。她佩服婆婆，认可她的办法。现在让我们来分析一下：老人知道孩子不对，她没有辱骂（孩子跟谁学的，不懂事），没有贬低（好可笑），也没有说反话（好能耐啊，打地打得挺带劲儿），而是用自己作为例子就事论事，和孩子一起探讨解决问题的方法，最后还用演练的形式帮助孩子掌握正确的自我保护方法。这就是以身作则。长此以往，孩子不会习得骂人和贬损别人，就不会欺凌他人。同时没有尝到冷暴力和被迁怒的滋味，就不会认为被欺凌是自己的问题。而最重要的是，每当他们面对挫折、困难、嫉妒及各种压力的时候，会想办法积极地解决问题。有了积极的态度，欺凌者和被欺凌者将会减少很多。

　　（2）掌握好批评的技巧：多肯定，多陪伴，多倾听，少说教

　　是孩子就会犯错误，批评是必不可少的。我们可以本着就事论事的原则，用陈述事实、讲明危害性、提出要求的方式表达。如果孩子已经承认错误，并且积极地弥补，就达到批评的目的了，不要再多说。

此时要肯定孩子的态度，并且明确：批评他并不是不爱他，而是针对他做错的事情，每个人都会做错事情，错了不怕，改了就好。如果孩子不肯承认错误，可以适当给予惩罚。例如，不给零花钱、取消玩游戏的时间、在面壁角思过等，但一定是他在意的活动。总之，对孩子的爱绝不是溺爱，该批评批评，该肯定肯定。少说教，多陪伴，多倾听。家长要遵循一个原则：想尽办法和孩子在一起，全身心地听他说什么，看他做什么，理解他的感受，把自己想象成孩子去和他对话。这样一来孩子就会处在一个稳定的，充满爱的、有原则的家庭中，他又怎么会成为欺凌者和被欺凌者呢？

（3）远离宫斗剧、充满暴力的节目和游戏

孩子经常看充满暴力的节目和游戏，就会对欺凌行为脱敏。他们的言语欺凌、聚众侮辱他人的行为，有很多是从电视上学来的。未成年人判断是非的能力弱，喜欢模仿，加上不稳定的情绪，因而会充满攻击性，随时随地都有可能伤害到别人，所以这是一条高压线，请家长切记切记。

2. 家长在干预方面可以做什么？

（1）态度明确，行动合理，尊重孩子，配合学校

如果孩子的确遭遇到校园欺凌，家长的态度一定要强。这个强不是强硬，而是明确告诉孩子：自己是他强大的后盾，同时抚慰孩子的情绪，理解他的感受，尊重他，问他想怎么处理这件事情，然后根据孩子的想法讨论下一步的行动。例如，孩子希望爸爸妈妈跟对方的家长说，不要让这个同学再传他的谣言，不要用侮辱性的外号叫他，家长就和孩子讨论：爸爸妈妈不认识他的家长，我们怎么去找他？他的家长要是不知道怎么办？不承认怎么办？要是跟我们吵起来怎么办？把讨论的方法一条条写出来，再确定使用哪一种。如搜集证据，通过

班主任老师来联系他的家长；警告他，把这件事说给心理老师听，请老师帮助，等等。这样做，既给了孩子支持，也教会孩子应对危机的方法。如果是请班主任老师来协调，就一定要配合学校。见老师之前一定要准备一份书面的、客观的、具体的材料说明，并且让孩子郑重地签上字，家长也签上字。这样会引起老师和学校充分的重视，在解决问题的过程中，也要给予学校足够的信任和时间。同时配合学校和老师以解决问题为原则，不带情绪地面对欺凌者及其家长。

对于欺凌者的家长而言，这条规则同样适用。尊重孩子是你要给孩子陈述的机会，也要客观地搞清事情的前因后果。态度明确是一定要让孩子知道：他的行为属于欺凌，作为家长绝不姑息，要配合学校和老师以及对方家长提出的要求，并立即行动。不包庇、不逃避，不对孩子使用暴力，及时反思自己在教育中出现的问题，对孩子进行校园欺凌的法律教育。如果孩子有心理问题，要及时求助专业人士并且进行家庭辅导和治疗。

（2）**复盘后，创造一切机会提升孩子的人际交往能力，帮助孩子树立自信，理解他人感受**

事情发生之后，家长要在合适的时间复盘。等孩子平静下来，再回到当时的各个情景中，用角色扮演的方法去感受每个人的心情和想法，分析一下：还可以用什么方法应对这种情况？对于言语的侮辱，我们如何回应？是坚定地表达自己吗？（闭嘴！我不喜欢这个外号，我讨厌你这样说；你再传我的谣言，我会把这一切告诉老师！）是用调侃的方式表明你不在乎吗？（我胖又没吃你家饭，你急什么呀？）（我就是高，小心我没看见，把你踩扁。）（我虽然黑，但显瘦啊，你是在嫉妒我吗？）还是自我解围的方法？（谁说谁是，你说你是！）或者，可以用"拳头打在空气里来对付"，就是不管对方做什么说什么，总是以轻视的态度不理不睬。前提是孩子在做这些时，真的感到没受到伤害。

总之，要教孩子用一些方法来回应带有侮辱性的语言，这样，孩子在第一时间就不会把愤怒压回去，对保护他的自信心和平复情绪都有好处，也让对方有所忌惮，知道欺负他是有代价的，下次再想说的时候就要掂量掂量了。角色扮演让欺凌者感受到被欺凌者的痛苦，也是很好的一次再教育。

家长在日常生活中，要创造更多的情景，增强孩子的同理心。领着孩子多去帮助别人，多问问对方的感受。在看书、看电影、聊天的时候，也要时刻引导他关注每个人的情绪。这对于孩子今后的社交也是有好处的。如果被欺凌的孩子有一些缺陷，就教孩子把自己的缺点当成特点，悦纳自己，接受自己的不完美。要经常用欣赏的口吻和态度对待他。引导他多发现别人和自己的长处与优势。例如，我成绩不好，但是劳动好；长得不好看，但是体育好；那个个子小的同学身体更灵活；那个口吃的同学心地很善良；那个学习不好的同学心灵手巧……

当发现亮点和优点成为孩子的日常时，他的世界是充满阳光的，因为欺凌者和被欺凌者都把人性和情绪的阴暗面放大了，必须从根本上扭转他们的自动思维和惯性认知。

（3）寻求专业人士，提供心理咨询

孩子受欺凌后，他的心理或轻或重都会有创伤。发呆、紧张、做噩梦，莫名其妙地恐惧、暴躁、攻击……这些异常的现象都可能是应激反应，所以被欺凌者应该马上接受心理辅导。家长可以向学校的心理老师寻求帮助，也可以选孩子信任的、经验丰富的任课老师，主要是倾听和陪伴，安抚他。如果孩子的问题特别严重，例如，出现幻听，总觉得别人要害自己，夜里大哭大闹，连续做噩梦一个月以上，就要

引起重视了，一定要去医院接受治疗，做专业的精神鉴定。包括某些没有作为的旁观者，也有可能出现抑郁、焦虑、紧张的情绪，如果持续一个月以上，也是要进行干预的。因为对孩子来说，干预得越早，伤害就能降得越小。

以上内容是结合《悲伤逆流成河》这部电影，对言语欺凌这一方式所做的分析和论述，由此可以发现，杜绝校园欺凌的教育不仅仅是学校的责任，也是家庭和社会的担当。全员防御、全心共情、全民行动，才能够全校安全。让我们一起努力，把校园欺凌的概率降到最低。

第 6 章
肢体欺凌

案例：《少年的你》

高考在即，校园内却发生自杀惨案。

女生陈念看到同学胡小蝶跳楼，带着伤心、同情，情不自禁地上前为她盖上校服，没想到却因此而卷入校园欺凌中，成了胡小蝶之后的又一个受害者。

面对警察的询问，陈念不敢多言，她只想平平安安地参加高考，然而她的自保并没有给自己换来安宁。

椅子被倒上红墨水，一如胡小蝶生前曾遭受的。

放学路上被踹倒，被魏莱、罗婷、徐渺几个女孩狠狠地收拾。

母亲外出打工很少回家，以销售劣质面膜为生。然而债主上门要债，留在家中瑟瑟发抖的只有陈念自己。

一天，陈念独自回家，路遇刘北山被三人围殴，陈念拨打了110想要救刘北山，从此那个小小的、干净的陈念，成了刘北山人生中唯一一片净土。

因为母亲，陈念在学校被同学嘲笑，被孤立，被球砸，被一脚踹下长长的楼梯。当陈念看到魏莱那一双有恃无恐的眼睛时，她恨自己的懦弱。在一番思量之后，陈念决定勇敢保护自己，于是她报了警，可没想到却换来了变本加厉的迫害。

欺凌者魏莱只是被停学，陈念却成了任人宰割的小白鼠。被魏莱等人追赶，她只能躲进肮脏恶臭的垃圾箱里瑟瑟发抖。给警察打电话未得到及时回应，还差点暴露自己的行踪。

陈念精疲力竭地找到刘北山的家，请求他保护自己。

有刘北山在身后，没有人再敢欺负她了。可是有一天刘北山被警察抓去调查，陈念独自回家，便遭受了巨大劫难：打耳光、剪发、裸照、践踏、蹂躏……

魏莱看见证人和摄像头，担心陈念会报警，于是跪地求饶，希望陈念能够放过她，她愿意给陈念一笔钱，但当陈念说出以后不愿意再见到她时，魏莱瞬间由可怜落魄转变为高姿态的嘲讽嘴脸，这种转变一下子刺激到了还没有抚平内心伤痛的陈念，陈念用力一推，失手杀了魏莱。

刘北山愿意为陈念背负一切罪名。陈念虽然不愿意，但是她想给自己和妈妈一个美好的明天，于是，她不顾一切地按刘北山给自己铺好的路向上爬。虽然陈念熬过了高考、熬过了审问，可熬不过自己的心。最终在警察的一个小小计谋面前她选择了自首。

几年后，他们出狱，终于可以光明正大、肩并肩地走在大街上。

据说电影原来有两个结局，导演最后选择了这个相对温暖的结局。电影可以修改结局，但现实是无法修改的。希望这部影片能给更多的人带来希望和力量，勇敢面对生活中遇到的不公平，这是温暖的结局给人的善意提醒。

内心独白

你太干净了，你不懂

欺凌者（魏莱）：我的家境很好，父母都是知识分子，有钱也有社会地位，同时，我也拥有令自己满意的外形条件，说天使的脸庞、魔鬼的身材应该也不为过吧。但是，大家看到的这些都是表象，其实我的内心是缺乏安全感的，父亲与我的关系比较疏离，母亲对我也不够了解，换句话说，他们都不曾关心过我内心的想法，他们只关心我的学习成绩，因为我复读，父亲已经一年没有和我说话了。父亲对我的冷漠让我凉到骨子里，或许他压根就不爱我，甚至我怀疑他从没因为我的存在而欣喜过。母亲对我的爱也是流于表面的，她不了解我，他们都没有真正地关心过我。这些年我努力地学习、乖乖地听话，只为能取悦他们，但是我真的很孤独，也很讨厌身边所有的人，大家都是虚伪的。因此，我想要找个软弱的同学消遣一下无聊的日子。第一，在欺负她的时候我才能感到自己是有力量的，原来我的存在可以牵动另外一个人的情绪，这个感觉太美妙了。第二，我所做的这些并不会留下什么证据，一点也不影响我在父母心目中乖乖女的形象，以及在老师心目中优等生的形象。第三，我所选择的欺负对象是相对安全的，陈念害羞、内向，朋友不多，她只会自己默默承受，不懂得向外界求助，这样我就可以放心大胆地欺负她了。

被欺凌者(陈念)：我从小和妈妈一起生活，妈妈为了挣钱供我上学很不容易，现在她为了躲债东躲西藏，我不能再给她添麻烦了，我一定要努力学习，考上好的大学，找到好的工作，这样我和妈妈就可以过上好日子了。但是学校最近很不太平，以前胡小蝶被魏莱她们欺负，我是看在眼里的，魏莱真是一个可怕的"双面人"，她有着天使的脸庞、蛇蝎的心肠，她和她的那些跟班们没有一点对生命的敬畏之心，她们恶劣的行径让人不寒而栗。我的心里是愤怒的，我很同情胡小蝶，可是我更想平静地学习，马上就要考试了，我不想惹事。胡小蝶被她们逼死了，但是她们没有一点内疚感，现在我又成了被她们欺负的对象。我曾经决定要勇敢地保护自己，所以我报过警，但是这次报警的经历让我感到失望。第一，成年人不能够每次在我需要的时候及时出现保护我，妈妈、警察都是这样。第二，警方的处理结果似乎让事情变得更糟，老师被换掉，魏莱她们更加仇恨我，我不知道我求助的意义何在。我还是忍了吧，马上就要高考了，在这段日子里千万不能出任何差错，其他所有事情我都能扛过去，我只有一个目标：考上好大学。同时，我可以用我自己的方式保护自己，刘北山或许可以担当这个角色。只要考上好大学，一切都会好起来，这是我唯一的信念。

旁观者：我不想出面阻止欺凌行为，不是我没有同情心，我也厌恶这样的行为，但是我有一些顾虑。第一，我害怕自己会卷入这些事情中，万一我站出来阻止欺凌或帮助被欺凌者，就会使得欺凌者关注到我，以后也对我进行欺凌，这会让我陷入麻烦，陈念不就是因为同情胡小蝶，为她盖了一件衣服，才成了魏莱她们的新目标吗？第二，当我因为反抗欺凌而陷入麻烦之后，如果其他同学和老师不给予我支持，那我的情况会非常糟糕，陈念选择了报警，可她的下场是得到变本加厉的报复。第三，看到欺凌事件的人又不只我一个，大家都没理会，我为什么要强出头，这又不关我的事。

如何求助？

要相信任何人都没有权利对你实施暴力，你遭受欺凌并不是你的错，而是欺凌者的问题。

不管是欺凌者还是被欺凌者都要明白，人与人是平等的，任何人都不能轻易剥夺另外一个人的权利，包括交友的权利、人身自由的权利、学习的权利等。

当遭受校园欺凌后，被欺凌者不要掉进抱怨、自怜、愤怒的怪圈，而要积极寻找解决办法，让自己脱离险境，其实，这也是在帮欺凌者。

1. 向权威人士求助

向权威人士寻求帮助，可以是老师、家长、警方等。

第一步：讲出事实。

第二步：说出感受。

第三步：说出需求。

陈念对妈妈可以这样说："妈妈，这段时间我们学校发生了一些不好的事情，有同学受到欺负，最近我就在遭受这样的事情，我有些害怕，有时不想去学校，可又不得不去。希望这段时间您能多陪陪我，您的陪伴能给我力量。"

陈念对老师可以这样说："老师，这段时间我受到魏莱等三人的欺凌，她们拿球砸我，把我推下楼梯，对我进行威胁恐吓、聚众殴打，甚至拍裸照。我很害怕，也很焦虑。希望您可以调查最近发生的事，制止魏莱她们的欺凌行为。"

2. 向旁观者求助

当正在遭受肢体欺凌时，被欺凌者要制造大的响动，这样可以让更多的人关注到欺凌现场，即使旁观者无动于衷也可以给欺凌者一定的心理压力。另外，当旁观者围观现场时，被欺凌者可以向旁观者求救，但是由于存在旁观者效应，会出现责任分散的现状。在大家都不愿意主动帮助被欺凌者时，被欺凌者就要有针对性地求助。

训练技巧（通过角色扮演的方式，让每个人都能感同身受地体会如何求助更有效）：

以电影《少年的你》为例，电影中有一个情节：在下楼梯时魏莱等三人从背后将陈念推了下去。

我们就以这个情节为例，找几个学生进行角色扮演：陈念、旁观者、观察员。接下来，我们让"陈念"根据电影情节和改进后的方法分别做出不同的反应。

情景一 ▌

旁观者："陈念，你没事吧？"

陈念：愤怒地瞪着魏莱，并未做出回应。

老师："作为旁观者，看到陈念的反应你有什么感想？"

旁观者："我们关心陈念时她表现得挺冷淡的，也许她并不需要我们的帮助。"

老师："作为观察员，看到陈念的反应你有什么感想？"

观察员："陈念并没有向旁观者发出求助信号，她可能会更加孤立无援。"

老师总结：当遭受校园欺凌时，我们要善于向旁观者发出求助信号，尤其是当旁边有人关切地问我们时，一定要及时给予回应，这样可以鼓励那些想帮助我们的人，从而获得更进一步的支持。

情景二 ▌

旁观者："陈念，你没事吧？"

陈念："小华和小明，你们能陪我去趟医务室吗？"

老师："作为旁观者，看到陈念的反应你有什么感想？"

旁观者（最好是小华和小明的扮演者）："陈念明确指出让我帮助她，我觉得责无旁贷。"

老师："作为观察员，看到陈念的反应你有什么感想？"

观察员："陈念不是一个人在战斗了。"

老师总结：当遭受校园欺凌时，不仅要及时回应那些想帮助你的人，而且要给出明确的信号。不能泛泛地求助，而要明确地说出名字，如果旁观者都是陌生人，就要说出你想要求助的人的特点，例如，"穿红衣服的那个人你能帮我报警吗？"也就是说，我们要明确到哪一个人能帮助自己，并且最好告诉他怎样帮助自己。因为事情没有发生在自己身上，旁观者一般来不及思考怎样做才是最好的。但是当我们求助时把需求说出来，就可以节省旁观者的思考时间，提高自己被帮助的概率和效率。

3. 向自己求助

当遇到校园肢体欺凌时，被欺凌者要注意上下学的路上尽量不要单独行动，最好结伴而行；在校园里避免去人少的地方学习、活动或者躲清静；避免在一些容易发生冲突的地方相遇，如厕所、楼梯；通过一些小方法让自己更自信和有气场，如挺胸抬头的走路，大声发言，热情洋溢地和老师、同学打招呼等；在班级里要结交几个好朋友，通过互相帮忙、交流谈心等建立起稳定的友谊。

不再沉默

1. 旁观者的作用

旁观者不只是一个看客，他们的态度和行为能够在很大程度上决定欺凌事件是否发生和未来的走向。旁观者可以通过对欺凌的态度和行为，来提供或者撤销对欺凌者的社会奖励，据调查，57%的欺凌行为会在旁观者干预后的几秒内停止。

2. 欺凌事件对旁观者的影响

校园欺凌事件中，旁观者似乎没有受到伤害，但正是因为什么都没做，才使得他们处于焦虑不安的情绪中。有研究表明，目睹校园欺凌会对旁观者的学习和生活带来不同程度的影响。他们与没有目睹校园欺凌的同学相比，更容易迟到、早退、旷课、辍学，也更容易产生焦虑、抑郁、社交恐惧等心理问题。

目睹校园欺凌会让旁观者通过观察学习，习得一些不良行为。例如，加入欺凌者的行列，或者在自己被欺凌后自我效能感降低，即变得更倾向于被动忍受，降低自我保护意识。

3. 旁观者应该怎么做

首先，旁观者应提升责任意识。校园欺凌中没有局外人，旁观者的态度会极大地影响整个欺凌事件的发展。从法律角度讲，旁观者确实无须承担任何责任；但从道德角度讲，旁观者需要对被欺凌者施以援手；从社会风气角度讲，作为旁观者，即使没有跟随欺凌者的行为，他们的冷漠也会助长这种暴力倾向在校园中蔓延，间接地成了暴力的推动者。在恶劣的社会风气中生活，我们每个人都没有办法独善其身。说得小一点，我们是为了自己心中的那个道德标杆；说得大一点，我们是为了整个社会的和谐美好。因此，旁观者要义不容辞地拿出行动，不再做沉默的大多数。

训练技巧（通过角色扮演的方式让每个人都能感同身受地体会被欺凌者需要旁观者伸出援手、提供支持）：

以电影《少年的你》为例，电影中有一个情节：在体育课上，魏莱等三人用排球砸向陈念。

我们就以这个情节为例，找几个学生进行角色扮演：陈念、旁观者、观察员。根据第 1 章对旁观者的分类，我们分别让旁观者根据"欺凌助长者""局外人""欺凌反对者"这三种类型做出不同的反应。

情景一 ▌

魏莱等三人将球砸向陈念，并侮辱道："我妈说呀，龙生龙，凤生凤，老鼠的孩子会打洞，帮你妈还债那么累，还能出来打球呀？"

旁观者（欺凌助长者）：看着陈念得意地笑或者发出尖叫声。

老师："陈念，看到旁观者的反应，你有什么感受？"

陈念："我感到自己孤立无援，很难受。"

老师："如果接下来你受欺负的指数是 1～10 分，你会打几分？"

陈念："那肯定是 10 分。"

老师："作为观察员，看到旁观者刚才的表现，你有什么感想？"

观察员："他们那样做，让欺凌者感到自己被支持了，陈念好可怜。"

老师总结：旁观者在校园欺凌事件中的不当跟风、效仿会助长欺凌事件不断升级，甚至会对被欺凌者造成终身的影响。不做"帮凶"，是我们的底线。

情景二 ▌

魏莱等三人将球砸向陈念，并侮辱道："我妈说呀，龙生龙，凤生凤，老鼠的孩子会打洞，帮你妈还债那么累，还能出来打球呀？"

旁观者（局外人）：继续和同学们打球，好像什么都没有发生。

（下面的步骤同上）

教师总结：旁观者在校园欺凌事件中绝不仅仅是一堵背景墙，你的冷漠会助长不良风气的蔓延，同时也会让被欺凌者感到深深的绝望，希望旁观者放下冷漠，拿出行动。

情景三 |

魏莱等三人将球砸向陈念，并侮辱道："我妈说呀，龙生龙，凤生凤，老鼠的孩子会打洞，帮你妈还债那么累，还能出来打球呀？"

旁观者（欺凌反对者）冲着魏莱喊一声："魏莱，快过来打比赛。"

老师："陈念，看到旁观者的反应，你有什么感受？"

陈念："我很感激她。"

老师："如果接下来你受欺负的指数是 1～10 分，你会打几分？"

陈念："我不确定，但至少解决了我当前的困境。"

老师："作为观察员，看到旁观者刚才的表现，你有什么感想？"

观察员："这个旁观者真机智，也很善良。"

老师总结：旁观者也不需要有太大的压力，如可以量力而行。作为旁观者，如果对当时的情境有一定的掌控力，与被欺凌者关系比较熟，或者自己在群体中有一定的权威，那就完全可以在欺凌行为发生时予以直截了当的制止，如直接对魏莱说不可以欺负人；如果旁观者对情境控制没有把握，也不需要太为难自己，可以像上文中提到的那样转移欺凌者的注意力，也可以在事后给予被欺凌者一些支持，如言语上的安慰、行为上的帮助等。如果你担心语言上的安慰拿捏不好，可能会让当事人更加伤心，那至少可以有一些行动上的支持，如递上一张纸巾、帮她辅导功课等。

其次，提升旁观者的自我效能感。自我效能感是个体对自己能否完成某一行为及完成后的结果的推断。有一部分旁观者目睹欺凌事件时也会感到愤怒，也想在当时有所作为，或者事后给予安慰，但是自己缺乏足够的技巧和方法，怕自己的参与使自己陷入困境，甚至拖累被欺凌者；也怕自己在事后安慰时万一言语不当会对被欺凌者造成二次伤害。所以，进行一些相关知识、技术的训练还是很有必要的。

老师连线

当发生校园欺凌时，直接参与解决问题的老师很有可能是班主任和心理老师。

1. 班主任应该怎么做？

首先，立刻制止欺凌行为。无论是事前、事中和事后，只要发现了蛛丝马迹就要想办法阻止事情进一步扩大。事前是指如果发现学生有情绪低落、上课状态很差、无故旷课等情况，就要及时与这个学生沟通。事中是指正在发生打斗、拉扯等行为时，班主任要立刻予以制止，然后观察和询问彼此的伤势，处理完伤势后需要找双方进行面谈，问清楚事情的来龙去脉之后再评估事情的严重程度，从而决定后续的处理是否需要上报学校。事后是指在事情发生以后，班主任要根据事情的严重程度，决定是否需要及时联系双方家长，上报学校，联系心理老师，如果方便也可以发动其他任课老师一起进行监督。

其次，班主任在与双方家长沟通时，一定不要直接把这些事件定义为孩子的品德问题。第一，这样做很打击孩子的自尊心，其实所有孩子都希望自己在别人眼里是好孩子，就连行事那么过分的魏莱都怕陈念报警，她一直努力营造乖乖女的人设，想要别人的认可是人的基本需求，这也能更好地解释，无论是欺凌者还是被欺凌者，他们的行为背后总是有原因的。第二，定义为道德问题不利于进一步解决问题，还会同时激起双方家长的愤怒情绪，欺凌者的家长会认为学校歧视了自己的孩子，处理问题肯定不能够做到公正；被欺凌者的家长会有受害者心态，会对学校提更多的要求。所以，班主任务必就事论事，客观公正地解决问题，并且相信每个孩子都是可以向好的方面改变的。

2. 心理老师应该怎么做？

心理老师在为双方做咨询时可以遵循以下几步：

第一步，与双方建立友好的咨询关系。首先要取得来访者的信任，这是咨询工作中非常关键的一步。例如，对陈念，要看到陈念在遭受欺凌后有过反抗的行为，肯定陈念的勇敢；也要看到陈念为胡小蝶盖上衣服的行为，肯定陈念的善良；还要看到陈念为了不给妈妈添麻烦而选择隐忍，肯定她的懂事和顾全大局。针对魏莱，应该看到她的成绩很好，肯定这是她通过努力换来的；看到她那么在乎爸爸妈妈的想法，肯定她的孝心；针对欺凌者，要尽量将其行为归结到偶然的原因上，可以问问欺凌者在与被欺凌者产生冲突后是否有过后悔和自责，这样有利于其后续的改变。

第二步，安抚情绪，充分共情。无论是对于欺凌者还是被欺凌者，在取得他们的信任后，心理老师都要通过提问的方式还原事情发生前、发生中和发生后他们内心的想法。在充分了解的基础上，能够站在当事人的立场上思考问题，让他们充分感到自己被理解了，从而释放出他们最真实的情绪，委屈也好，愤怒也罢，嫉妒也罢，当把自己的真实情绪释放出来后，他们才可以接受那些会让自己变得更好的建议。

第三步，改变双方的思维模式和行为模式。每个人的行为方式都是受思维模式支配的，所以出现某些行为肯定是一贯的思维模式在起作用。例如，欺凌者认为这样做可以显示自己的强大，被欺凌者可能认为遇到麻烦只能也应该默默承受，那么心理老师就需要告诉欺凌者让自己强大的方式有很多，帮助别人就是一种双赢的方法；告诉被欺凌者不需要隐忍，因为我们每个人都不是一座孤岛，身边的支持系统是可以调动的。最后，还可以通过角色扮演的游戏来提升双方的行动力。

家长作为

1. 预防为主

一群风华正茂的少年，在欺负和反抗的过程中断送了生命和大好前程，叫人心痛。而悲剧的背后却给我们呈现了这样的事实：无论是被欺凌者陈念，还是混混刘北山，抑或是欺凌者魏莱，每一个走向悲剧的孩子背后都是家庭教育的缺失，而这样的恶果也恰恰是他们的父母亲手种下的。

（1）父母要允许自己的孩子有幼稚的一面

武志红曾说：一个人的脆弱，很少是宠出来的，大多是幼时被情感忽视造成的。

陈念是一个懂事的孩子，可她的懂事何尝不是生活所迫产生的无奈与麻木。陈念的妈妈虽然与女儿相依为命，但是陪伴远远不够，不仅让陈念独自面对学习和生活中的所有压力，而且她还因为倒卖"三无"产品而被追债，留给陈念的是恐惧和不安。陈念小小的心灵并没有得到与她这个年龄相称的宠爱、安抚，而是要在战战兢兢中应对生活的各种磨难。在她受到欺凌后，情绪已经接近崩溃，可接通母亲的电话后听到母亲的抱怨，她选择了安慰母亲，隐忍自己的真实感受，换句话说，她在潜意识里做了一个决定：我要扛起生活的全部。这一段看着真叫人心疼，过早独立面对生活的孩子慢慢变得不会表达自己内心的真实需求，因为从没有人给他们机会去做这样的练习。当妈妈知道女儿竟然独自承受了这么多时，悲剧已成定局。

陈念的妈妈常常对她说："你是妈妈的希望。"她所做的一切似乎也都是努力挣钱供女儿上大学，妈妈的不成熟造成了陈念独立又懂事，从不需要妈妈操心。即便是自己身处危险中，已经到了崩溃的边缘，依然选择自己扛。自身难保的她，听到妈妈的抱怨，选择压抑内心的需求去鼓励妈妈：等熬过高考，一切就好了。虽然妈妈很爱陈念，但她让陈念承担了太多这个年龄不该承担的责任和压力。这是陈念走向悲剧最大的伏笔。

有些孩子过早地承担起整个家庭的希望，使得他们早早就懂事起来。可是孩子毕竟是孩子，再懂事的孩子，心智和社会经验都不足以支撑起生活的全部责任。演员春夏曾在《奇葩说》里分享经历：我原本在父母眼里是个什么都不会、很不懂事的孩子。为了证明自己，独自一人到大城市打工，那时常常没钱坐车，两三天吃不上饭，可再辛苦都没找妈妈倾诉过，我成了妈妈的骄傲。可多年后，我却意识到，由于过于独立懂事，我变得更坚强的同时却越来越敏感、越来越有攻击性，不会示弱，控制不住的敏感，过于在意别人的看法和感受，特别痛苦。

有些孩子过早地承担了生活的责任，所以他们不得不变得懂事。他们渐渐地习惯了坚强，习惯了宁愿自己委屈也不让家人失望、受伤。可是最后，懂事的孩子即便能扛过苦难的暴击，却变得不再是原来想做的自己。

人的成长、成熟都要经历一个自然的过程，家长要允许自己的孩子在人生的不同时刻表现出他们最自然的一面。例如，小时候因为冰激凌掉到地上，他们可以放声大哭；看到别的小朋友有好玩的玩具，他们可以缠着父母买；上学之后压力大，他们可以偶尔在家胡言乱语以释放压力，等等。当父母用自己的包容给予孩子无条件的爱之后，我们会惊喜地看到孩子成为一个真正内心强大的人，内心的富足也会让他们能够真正地保护自己、守护弱者。

（2）陪伴孩子是父母最基本的义务

原生家庭对每个人的影响都是不可小觑的，包括被抛弃的刘北山（小北）。

电影中小北说的那句话听着让人心疼："有一天，妈妈突然买了肉包子回来，肉包子不是每天都有的，我很高兴，可吃着吃着，妈妈却突然打我，说都怪我。"妈妈认为小北的存在影响了她改嫁，她很嫌弃小北，最后竟然选择将小北抛弃，从此小北成了街上的小混混，整日为了生存而打架。

成了混混的小北看似不学无术、坏事做尽，可在他挨打后，陈念的一句简单问候"疼不疼？"却温暖了小北的心。

面对警察的盘问，小北油盐不进、滴水不漏，可当他听到：想让你妈看看现在你的样子吗？他瞬间神色复杂，气愤中夹杂着期待，让人看得很扎心。被妈妈抛弃的小北闯荡"江湖"，自以为被社会历练得很成熟了，不相信任何人，把世界分为非黑即白，既缺爱又渴望爱，最后，碰到了陈念的单纯和关怀，选择了义无反顾地去保护她。这样矛盾又极端的小北怎能不惹祸上身？

尼尔森在《正面管教》一书中说："当孩子觉得自己没有人爱或者不重要的时候，他们往往会以错误的方式寻求归属感和自我价值感。"

严重缺爱的孩子没有安全感，做事时更多的是凭义气和感性，缺乏理性判断，对于认定的事会执着到底，很容易走极端。父母长期缺席孩子的成长，对孩子来说是一种极大的创伤。

目前有些中国家庭的教育模式非常相似：一个缺失的父亲＋一个焦虑的母亲＋一个失控的孩子。也就是说很多中国家庭教育孩子的责任基本都落到了母亲一个人的身上，但从孩子的健康成长来看，父亲的参与是非常必要的。一个孩子在六岁以前与母亲的空间距离和心理距离都更加亲近，但是随着年龄的增长，父亲对孩子的影响在逐渐扩大。换句话说，一个孩子的社会化程度往往是由父亲决定的。例如，一个孩子未来是否乐观积极、是否坚强自信、是否有理想有抱负、是否合群等都与父亲的陪伴和影响密不可分，所以那些认为自己只需要挣钱，孩子有妈妈管就够了的父亲，最好能提升一下自己参与子女教育的意识，虽然不需要全天候陪伴着孩子，但是时常能参与到孩子的成长过程中还是十分必要的，因为任何事业上的成功都无法抵消在子女教育上的失败。

（3）父母在重视孩子成绩的同时更应该重视价值观的养成

正如前文所说，施暴者魏莱让人不寒而栗，这个人物的内心与外在反差实在太大，长相好、成绩佳、家庭条件优越的魏莱几乎有着人人羡慕的生活，但是她的悲剧结局似乎可以从母亲的一段话中找到苗头。记得魏莱以嫌疑人的身份接受调查时，她的母亲对警察说的一段话让人印象深刻："别人可能会，我们家孩子肯定不会。我们给她的都是最好的教育，那个自杀的孩子是她自己太脆弱了。"

魏莱施暴后怕陈念报警，于是惊慌失措地求饶："爸爸因为我复读，一年不跟我说话了。只要不报警，我可以给你一笔钱。"对于种种恶行，魏莱从没感到内疚，她相信没有钱不能搞定的事，只是怕影响高考，怕在父母面前会失宠。

而她的父母对孩子的品行巧言诡辩、避重就轻、愚昧包庇、唯独对成绩看得很重。正是价值观如此扭曲的父母培养出了没有善心的孩子，在关键时刻没有悬崖勒马，将女儿推向了罪恶的深渊，葬送了她的未来。

教育专家詹文玲曾说："我们许多家长正是在诚心诚意地追求教育孩子走向成功的目标中，'认认真真'地引领孩子走向了失败。"

为人父母都希望孩子健康成长，有所作为。但是父母过分重视学业，却忽略了道德品质的培养，包庇和溺爱，是家庭教育最大的失败。父母的一次次包庇和溺爱，换来了孩子变本加厉的人格丧失，不仅是孩子的不幸，也是其父母的不幸。"勿以善小而不为，勿以恶小而为之。"倘若父母能够在孩子犯小错的时候就给予孩子正确的引导，相信后续就不会出现令人难以接受的局面。

价值观是一个宽泛的概念，这里我们仅讨论有效避免校园欺凌的价值观，在这方面父母可以给孩子树立的价值观包括以下内容：

① 孩子，你是有价值的，你是值得被爱的。

父母的认可是孩子自我价值感建立的首要源泉。父母对孩子的挑剔、指责、谩骂、殴打会成为孩子健全人格发展的枷锁，让孩子失去自信，变得容易自我怀疑。例如，当遭受校园欺凌后，人格健全的孩子会立刻表达出愤怒，或者立刻向他人求助，但是不被父母认可的孩子会陷入深深的自责：为什么他们不欺负别人只欺负我？因为我是不可爱的，因为我自己有很多问题。带着这样的预设，人是很难在生活中体验到幸福的。所以可以这样讲，一个在学校中被长期欺凌的孩子首先是一个在家中被家长欺凌的孩子。要想提升孩子的自我价值感，父母首先要接纳、认可孩子，并在生活中多与孩子交谈。接纳、认可是为了提升孩子的自信水平，这样他们受到欺凌时就能够及时、准确地识别自己的情绪，与孩子交流是为了提升孩子表达情绪的能力，具备了这两个能力，孩子就具备了保护自己的基本能力。

② 人与人之间要相互尊重。

首先，尊重可以体现在对待差异的态度上。我们每个人在能力、性格、喜好、想法等方面都会存在差异，有时这种差异甚至是巨大的，但很多时候并没有对错之分，只是一种不同，能够平静地接纳别人与自己的不同是一个人人格成熟的标志。如果在平静接纳的基础上，可以去欣赏别人与自己的不同，这是更高层次的智慧，也是一个人进步的开始，如为别人的成功真诚地喝彩。其次，尊重可以体现在基本的行为礼貌上。例如，不窥探泄露他人的隐私，在他人需要帮助的时候伸以援手，顾及他人的感受等，总之有一个原则就是：尽量做利人又利己，或利己不损人的事，坚决不做损人不利己或损人利己的事。

③ 培养健康、有活力的生活习惯。

首先，要多做那些有利于增强体力、脑力和耐力的事情。例如，每天坚持运动半小时以上，心无旁骛地学习有用的知识，把学到的知识用在积极的层面上等，不虚度光阴是我们对自己最好的关照。其次，对身边的人和事要心怀感恩。积极心理学研究表明，影响一个人幸福感的最重要因素就是是否懂得感恩，如果我们把自己每天经历的事、遇到的人都看成上天赐予我们最好的礼物，心怀感恩、真诚对待，我们也会收到很多积极的反馈，这会让我们每天都精神饱满、幸福快乐。

2．及时补救

（1）先与班主任取得联系

发生了校园欺凌事件，无论是欺凌者的家长还是被欺凌者的家长都要相信一件事：家长和学校的教育目标是一致的，都希望孩子健康成长。在信任学校的前提下，可以找中间人，一般是班主任，来调和处理这件事。通常，双方家长直接联系的后果常常是不欢而散，或者矛盾激化使事件不断升级。在与老师联系的过程中，家长要客观地陈述事实，保持情绪稳定，并且最大限度地配合和理解老师与学校。校园欺凌带有一定的隐蔽性，学校一般都是最后知道这件事的，有些家长埋怨学校没能给孩子最好的保护，这样的埋怨只能让学校的积极性受到挫败。家长在配合学校工作时最好做到彬彬有礼。

（2）在学校调节无果的情况下诉诸媒体或者转学

如果有些老师或者学校的处理结果并不能令双方家长满意，那么在万不得已的情况下可以选择向媒体曝光，但是这个方法也应该谨慎使用，因为一旦诉诸媒体，很多事情后续的发展就不受自己控制了，家长和孩子都要承担很大的社会舆论的压力，而当孩子再次回到学校时，同学会怎么看他？对于转学这件事，换个环境其实也是一种对孩子的保护，但是转学的手续非常烦琐，会增加家长的压力，而且换了一个环境如果又出现了类似的事情该怎么办？所以转学不是最理想的办法，提升孩子自我保护的意识和解决问题的能力才是最应该被提倡的。

第 7 章

关系欺凌

说到校园欺凌的种类，大多数人都会想到：推搡、殴打、辱骂、嘲笑、造谣等。当问到群体中是否存在"关系欺凌"时，多数人会深吸一口气，沉重地说："有的。"为什么呢？因为关系欺凌是看不见、摸不着的，是最隐蔽却最令人煎熬的一种校园欺凌。我们通过走进韩国电影《我们的世界》一起走近关系欺凌。

案例：《我们的世界》

2016年出品的韩国影片《我们的世界》，是一部适合所有年龄段人观看的儿童题材的电影。

电影以小学四年级学生玩躲球游戏拉开帷幕。

体育课上同学们玩躲球游戏，女主角李善是最后一个被同学挑选入队的，也是第一个被诬陷犯规罚下场的人。她只能尴尬、无奈地站在圈外看着同学们开心地游戏。

宝拉是班里的头儿，她外貌好、成绩好、人缘好，所有人都以她为中心。只要能跟她做朋友，就不会被同学们孤立。李善为了参加宝拉的生日聚会(拉近和宝拉一伙的关系)心甘情愿地帮宝拉做值日。

宝拉给李善的生日邀请卡上写着礼物要超过5000韩元，家境不太富裕的李善决定自己动手编一条手链作为生日礼物，这条手链承载着她对友谊的渴望。宝拉生日的当天恰好是学期末的最后一天，李善替宝拉值完日，满心欢喜地按照邀请卡上的地址去参加宝拉的生日派对，没想到邀请卡上的地址是假的。

李善瞬间心灰意冷，难过得想把手链扔了。就在这时，转学生智雅出现了，她夸赞李善心灵手巧。李善特别开心，就把手链送给了智雅。

　　暑假里，李善和智雅成了形影不离的好朋友。每天一起玩耍，一起分享彼此心底的秘密。原来智雅的父母在她一年级时就离婚了，父亲再婚，将她托给奶奶照顾，亲情的缺失让她变得敏感且自卑。为了面子，她甚至编造母亲在英国工作的美好谎言。智雅的奶奶有事外出，李善热情邀请智雅来家里住。有一次，智雅看到李善和妈妈撒娇亲昵，心里很不是滋味。

　　后来在暑假补习班里，智雅结识了宝拉，知道了李善在班里被所有同学排挤和孤立的事。其实智雅转学也是因为她在原来的学校因父母离异被同学排挤、孤立。智雅害怕悲剧重演，就跟宝拉成了好朋友。

　　开学了，智雅刻意疏离李善，并且跟着所有人一起孤立李善，还把她和李善作为朋友时的小秘密"奉献"给宝拉一伙人。

　　起初，李善还以为她和智雅之间存在误会。她甚至第一次偷母亲的钱给智雅买了贵重的生日礼物，希望两人能重归于好。在智雅生日当天，李善去她家想给她一个惊喜。然而这一次仍旧以失望而告终——她捧着礼物看到的是冷漠的智雅，还有给智雅庆祝生日的宝拉等人异样的眼光。

　　然而，当智雅的考试成绩超过宝拉成为全班第一时，宝拉开始针对智雅，并且向李善投来了橄榄枝。李善为了讨好宝拉把智雅的家庭背景还有转学缘由统统告诉了宝拉。宝拉开始引领众人更有力地打击、孤立智雅。李善看着智雅也受到了孤立感到非常后悔，她找到宝拉想阻止这一切，而宝拉却振振有词地告诉她："这些分明是你自己说的，为什么现在要反过来指责别人？"

　　再次遭到排挤的智雅也将所有原因归咎在了李善的身上，对李善进行报复。就这样，智雅和李善开始不断地互相揭短、互相伤害，甚至在班里大打出手。

　　……

电影的结尾意味深长。又是一次体育课上玩躲球游戏，李善依旧是第一个下场，但是当同学们又诬陷智雅踩线时，李善大声而坚决地说："她没有！"智雅走向李善，她们俩静静地站在那里，淡淡地看着喧闹的人群，一种力量在彼此的凝望中生长……

内心独白

被欺凌者李善：

我上四年级了，有爱我的爸爸妈妈和一个弟弟。妈妈开一个小食店，爸爸在工厂里工作，他们都很忙，我放学后就帮助爸爸妈妈照顾弟弟。

在学校里我并不开心，也不知道为什么我没有朋友，感觉很孤单，我觉得自己在班级里就像一个"小透明"。每次同学们玩游戏，我总是最后一个被选入、第一个被淘汰，真尴尬。宝拉是我们班的女神，她在我们班里的影响力最大，要是能和她成为好朋友就好了。宝拉过生日那天正好该她值日，她想让我帮她值日，当然没问题了，因为我太想和她成为好朋友了。可是宝拉骗了我，说是邀请我去她家庆祝生日，为什么却给我一个假地址？太过分了！上帝关上一扇门总会为你打开一扇窗——我们班来了一个新同学智雅，她夸我做的手链漂亮，我把手链送给她。我终于有好朋友了！有好朋友的日子太开心了！

开学了，智雅和宝拉成为好朋友，不理我了，她一定是听了宝拉她们的话。智雅还把我们之间的事情告诉宝拉，我好难过。

智雅和宝拉决裂了，宝拉送给我蓝色的指甲油，能和宝拉成为好朋友我太开心了，这样我就不用担心被同学孤立了。我把智雅的小秘密也告诉了宝拉，宝拉一定愿意听。

宝拉为什么在大庭广众之下散布智雅的小秘密？我感觉智雅好可怜，我做错了。我好想和智雅回到从前的样子，可她总是不理我……

由被欺凌者转变成欺凌追随者的智雅：

刚来新学校就有个好朋友，真开心！但是在看见李善和她妈妈撒娇时我挺难过的，凭什么她的妈妈就在身边疼爱她，而我的妈妈就不能呢？之前爸爸妈妈也很疼爱我，自从他们离婚，爸爸再婚后，我就失去了爸爸妈妈。虽然奶奶也很疼我，可我还是想和爸爸妈妈一起生活。

过去的学校生活简直就是一场噩梦，来到新的环境我要重新开始。本来我有李善这个好朋友挺开心的，可是宝拉她们说李善在班里是被大家排挤和孤立的对象。看得出来宝拉是班里的"领袖人物"，我如果继续和李善好的话，可能会和李善一样被大家孤立，那太可怕了！我真的不想再过那样的日子，那种感觉太痛苦了。我还是选择和宝拉她们玩吧，虽然李善也挺好的，可是……我得说一些李善的坏话，让宝拉相信我已经不再和李善好了。说什么呢？对，李善她家穷，想要个彩铅也买不起，还总是用我的手机玩游戏、打电话……

李善竟然把我的小秘密告诉了宝拉她们，我就把他爸爸酒精成瘾的事告诉全班同学，看谁厉害！

欺凌者宝拉：

我是最好的，大家都得听我的，我说和谁玩就和谁玩。李善相貌平平、成绩平平、家境平平，还总爱装好人，看着她就不顺眼。智雅怎么能和李善玩呢？她应该和我们一起玩。这才能显示出我的权威。

智雅居然考试超过我了，这怎么可以！我的爸爸妈妈因为我没考第一都批评我了，我才是班里最好的，绝对不能让任何人超过！我得让她难堪。

旁观者：

欺凌助手（宝拉身边的两个女生）：宝拉是我们班里的头儿，我得向她靠拢。宝拉想的就是我们心里想的，宝拉想做的事就是我们想做的事。听宝拉的准没错，谁让她是我们班的"领袖"呢？

欺凌助长者（班里其他跟风的学生）：宝拉她们在孤立李善，也没什么原因吧，不知道发生了什么事情，总有原因吧。我们和李善也不熟，就知道她躲球玩得不好，那就别和她玩了呗，要是和李善玩的话，会不会也要被同学们孤立呀？

智雅说李善的爸爸是酒鬼！真的吗？不知道呀！估计是吧！要不怎么能这样说呢？原来李善被孤立是有原因的。赶快把智雅写的这些话用手机拍下来吧。

局外人：

李善每次都不怎么会玩躲球游戏，不知为啥，李善和智雅打起来了，不管我的事，我不知道发生了什么。

在第一部分"基础知识篇"中谈到女生群体中关系欺凌更加常见，这也是这部电影中除了李善的弟弟之外几乎看不到男生的原因。我们在进行访谈时，更多的学生谈道：肢体上的伤害大多早已忘记，但是被孤立的感觉永远如影随形。不得不承认，在一个孩子的集体中，有些孩子是天生的"领导者"，自然也会有"小透明"。宝拉不但有出众的外表，成绩更是稳居第一，被老师喜欢，被同学们众星捧月，女孩们都希望和她成为朋友，自然而然地她便成了小团体的领导者，有着强大的心理优势。得到她认可的同学可以加入她们，而她不喜欢的同学，则会受到大家一致的排挤。有很多时候，欺凌的发生也没有什么具体的原因，就像剧中的主人公李善，就是一个普普通通的女孩子，与宝拉相比，因力量权力不平等，被宝拉等人用各种手段在社交上孤立，在情感上排斥，很难保全自己，心灵遭受强烈的冲击。《我们的世界》选取小学四年级学生为主人公，可见导演独特的视角。在更低的年级，班级里同学之间固定的伙伴并不多，大多是今天你们俩好，明天他们俩好的一个状态。从小学四年级开始，学生固定的伙伴意识就有了。尤其是在小学中高年级和中学阶段，在友情重于亲情的年龄段，对自我的评价更多的来自外界，有些中小学时期曾遭受关系欺凌的孩子在成年之后仍然会对自己的人际交往能力持怀疑态度。

如何求助？

下面我们结合《我们的世界》影片中的几个具体情节来帮助被欺凌者摆脱困境。

情节一 ▌ 被忽略

电影是以两个人"石头剪刀布"选组员玩躲球游戏开始的。同学们一个个地被挑走，李善期待的眼神也一点点转为失落。当最后只剩下李善和民哲的时候，民哲被挑走，李善这组的宝拉说：我们愿意用两个人换民哲，此时的李善更尴尬啦，宝拉拍拍李善的肩膀笑笑说："我这是开玩笑，你懂得吧？"而此时的李善已经全无笑意，只剩落寞。游戏开始时，李善完全是被迫游离在游戏外的一个孩子，既不知道自己该站在哪里，自然也没有人把球传给她。就这样刚看着队友传了几个球，对方同学就说李善踩线犯规了，李善小声说自己并没有踩线，可是没有一个人支持她，不管是看见的还是没看见的同学都七嘴八舌地说"踩线了还不下场？"，宝拉轻轻拍了拍李善的肩膀说："犯规了就下去吧"。李善无奈地成了第一个被罚下场的人，游戏继续进行，她只能站在场边看着同学们玩得那么开心、那么投入。

这一切看起来是那么和谐、有序，似乎和欺凌没有什么联系，看起来非常偶然，无非就是李善最后一个上场，恰好又第一个被罚下，仅此而已。难过的滋味只有李善自己能体会。这就是关系欺凌的一大特点——看不见，摸不着。

在这个场景中李善之所以难受，一是因为没人选自己，很失落，缺少归宿感和价值感；二是被同学冤枉犯规时为自己争辩底气不足。有很多时候我们对欺凌者的怨恨中夹带着对自己懦弱的愤怒。

给李善的建议：

第一，大家最后选你可能只是因为你不擅长玩这个游戏。

第二，如果你不是特别想玩这个游戏的话，是可以当旁观者为同学加油的。毕竟一个人不可能每项活动都擅长，如编手链，班里应该没有几个人和你编得一样好。如果想玩就需要默默观察、用心练习、成为高手，因为玩游戏高手永远是被大家关注的对象。

第三，被同学冤枉时为自己解释需要坚定。大声而坚定地告诉他们：我没有踩线，是你看错了！坚持自己没做错，勇敢地发出自己的声音，即使游戏玩不成，你的心情也会好很多，对着镜子练习一下，试试看！

第四，如果你心里特别难受，可以向信任的人倾诉。例如，可以和妈妈直接说："妈妈，我这几天在学校很不开心，玩游戏时我感觉被同学孤立了，很苦恼，请您帮帮我，我该怎么办？"也可以写一张留言条。记住，求助永远都是非常好的一个方法。

情节二 ▏ 被孤立

宝拉和两个跟班儿在智雅的座位上开心地谈论着给智雅买什么生日礼物，见李善过来，大家突然就不说话了，然后散了，智雅也借故找手机离开了，只留李善一人在座位上孤独地坐着。

这个场景是关系欺凌中最常见的形式。什么都没说，什么都没做，仅仅是一种远离，就会让人受到很大的伤害，自信心严重受挫。因为欺凌本身就是对人的尊严的践踏。学生时代的孤立和排挤远比肢体上的伤害对人影响深远。遇到这样的情景你越在意就会越难过，因为是你把决定你情绪的权力交给了伤害你的人（宝拉一伙）。她们故意远离你就是想让你难受，而你一看她们远离你就很难过，正好配合她们达到目的。在那一刻是你赋予对方让你难过的权力。因为这一切都是在心里完成的，所以看不见、摸不着。记住：没有你的允许，谁都伤害不了你。

我们来对比一下：

授权别人：李善看到宝拉一伙人在谈论给智雅买生日礼物的事情，李善回到自己的座位上，宝拉她们借故都走了想孤立李善。李善感觉大家都在远离她，很难过。宝拉一伙得意地想：就是要给你难堪，让你不好受。

自己做主：李善看到宝拉一伙人在谈论给智雅买生日礼物的事情，李善回到自己的座位上，宝拉她们借故都走了想孤立李善。李善回到座位准备下节课用书，正好能预习一下，顺便想想自己是否要给智雅买个礼物，宝拉她们失望了，感觉无趣。

对比一下，什么相同？什么不同？是不是想起一句话：当我们改变不了世界的话，我们可以改变自己。其实还有一句话：当我们改变了自己时，你就会发现，世界也会随之改变。

行使属于自己的权力需要练习，这样在遇到问题时你就会灵活一些，处理问题的方式也会多元化。当你的内心丰富了，你就强大了。

情节三 ▎说话不算数

宝拉带头向李善讨要智雅送给她的彩笔，趾高气扬地说："李善，你用完就应该还回去。"李善小声说："那是你送给我的。"智雅说："我什么时候送了？那是我借给你的。"宝拉说："那么贵的东西怎么可能送给你？肯定是你误会了。你能赶紧还回来吗？"李善默默地从书包里拿出彩笔，宝拉一伙马上打开盒子查看说："少了两个，还有两个在哪儿？"李善说："我弟弟用的时候不小心弄丢了。"旁观者说："你怎么能把同学的东西再借给弟弟用呢？""是呀，这也太过分了吧！""你要是需要自己买嘛，再怎么缺钱也不能这样呀！"

这是一个经常会发生在小学阶段的画面。关系好的时候喜欢互赠礼物，关系不好了就要回。而接受礼物的同学不想还，又觉得这是人家送的，不给是不对的，所以内心很难受，又很无奈。其实这里涉及一个界限和归属的问题。从孩子有自我意识的时候就需要明白一件事：你的东西你做主，别人的东西别人做主。那么物品在送出之前属于你，送不送由你做主，当你送出后就不再属于你，而是由接受者做主了。

在这个情节当中，李善是可以拒绝归还彩笔的，因为当初智雅送给了李善(送的彩笔是智雅偷来的，我们在下文解读)，李善就是彩笔的主人，还不还由李善说了算。智雅都没有要回的权利，更何况是宝拉。在这件事上，听不听由李善决定。李善可以这样说："这盒彩笔是你当初送给我的，它属于我。我有权决定给你还是不给你。"这样想心情是否好一些了呢？那是因为对于彩笔这个事李善由被动方变成了主动方。

生活中经常会遇到物品归属问题，自己的东西送给别人之前要想清楚，因为送出去就不属于你的了；别人的东西，自然由人家做主，我们不去留恋；保护好属于自己的东西是我们每个人的权利和责任，只有这样才能获得心灵上的独立与自由。

考虑到当时是在班里，多人针对李善一人，李善还可以向老师求助：老师您好！假期里智雅送给我一盒彩笔，她现在却说是借给我的，伙同几个同学一起强迫我还回去（描述事实），让我感觉特别不舒服（说出感受），我该怎么办呢（寻求解决方法）？

想起我曾经也处理过一起这样的事件。一天中午检查学生宿舍午休的时候，一个男生哇哇哭，说自己送给同学一个玩具，现在想要回来，这个同学不给，希望老师做主。我说：这个玩具送出之前属于你，你可以送也可以不送，现在你已经送给同学了，那么这个玩具已经属于他了，给不给你就是他的权利了，你没有权利要求他，老师也没有权利要求他。这个男生立刻停止了哭泣。

其实，生活中不仅是物品要有归属、界限，人与人相处也要有一定的界限，越界是人际交往的禁忌。例如，向李善要回彩笔这件事，原本就是李善和智雅两个人的事情，与宝拉以及她的两个跟班儿没有一点关系。而宝拉为了显示自己的权威，代替智雅声讨李善，这是一种越界，践踏李善的尊严，也在无形中为自己树敌。在欺凌事件中没有最后的赢家，对于欺凌者宝拉也是一样。家长只关注学习成绩，像宝拉这样的欺凌者借着自己一时的优势作威作福，没有界限、不懂包容、缺少同理心……这样的孩子纵然再漂亮，成绩再好，又会有什么美好的未来呢？因此欺凌者同样也是需要帮助的对象。

人之初，性本善。没有谁一生下来就是一个欺凌者。成长为一个欺凌者的人也是体现从小教育的缺失造成了他/她们人格的不健全。长期处于优势地位的宝拉会有一种错觉：我说的就是对的，我的东西就是最好的……不能够尊重别人的想法和做事方法，没有人际交往中基本的同理心，觉得自己就是中心……这样的人不敢想象他/她未来该怎样与人相处、合作。对于这样的学生最好的方法是进行心理剧的角色互换的表演，就情节三的场景，轮流扮演李善的角色，体会她的语言、动作、眼神带给同学什么样的感受。培养欺凌者的同理心是帮助他/她们健康成长的至关重要的一部分。

情节四 ▌出卖朋友隐私换取廉价友谊

　　智雅在补习班结识宝拉后，得知了李善在班里被所有同学排挤和孤立的事。智雅害怕自己在原先学校遭排挤的悲剧重新上演，就跟宝拉成为好朋友，并且跟着所有人一起孤立李善，为了讨好宝拉还把李善的小秘密主动告诉宝拉。

　　当智雅的考试成绩超过宝拉成为全班第一时，宝拉妒火焚烧，开始孤立智雅，向李善投来橄榄枝。李善把智雅的家庭背景还有转学缘由作为"贡品"统统告诉了宝拉。宝拉把李善告诉她的有关智雅的事情统统告诉了同学们，说智雅的种种不好，并开始引领众人打击、孤立智雅。李善看着智雅也受到了孤立感到非常后悔，她找到宝拉想阻止这一切，而宝拉却振振有词地告诉她："分明是你先说出来的，凭什么反倒对我指指点点？"

　　搬弄是非是关系欺凌者惯用的手段。而被欺凌者由于年龄、心理素质等因素的局限，常常为了获得团队归属而容易用"出卖同学的隐私"作为换取信任的筹码。结果可想而知，这恰恰成为关系欺凌者的把柄，常常使自己"里外不是人"，陷入更深的内疚、孤单、自责的负面情绪当中。

　　给被欺凌者李善、智雅的建议：要想避免关系欺凌，就需要学会交朋友。如何交朋友呢？有一个最简单的办法：你想交一个什么样的朋友？试着写一写。那写下的每一条就是你自己努力的目标。忠诚、保守秘密一定是出现频率最高的词汇，为什么呢？因为我们每个人都有属于自己的小秘密，也都有倾诉的需求。有一些话不能和家长说，不能和老师说，但是可以和好朋友说，我们都希望也相信好朋友能为我们保守秘密，因为这是我们友谊的象征（这也是为什么智雅和李善为了讨好宝拉都毫无保留地说出朋友秘密的一个重要原因）。稍有一点矛盾，或者压根儿就没矛盾时，就泄露好朋友的秘密，这不仅让当事人寒心，也会让旁观者觉得你这个人不可靠，谁会愿意和你成为朋友呢？

你会愿意和这种人成为朋友吗？如果你压根儿就是一个心里藏不住事的人也可以提前说明白：我可是个大嘴巴呀，你得想清楚再和我说哟。

给欺凌者宝拉的建议：通过贬低别人抬高自己的人不是真正的强者。在剧中宝拉看起来外貌漂亮、成绩优秀，是那么好的孩子，可她为什么要欺负李善这样的乖女孩呢？之前还百般拉拢智雅，可是一次考试成绩智雅超过她成了班里第一名后，她就立刻开始针对智雅，各种打压、诬陷、排挤、孤立……感觉这样美貌聪慧的女孩子怎么有一点蛇蝎心肠呢？真是遗憾，她原本不需要这么做就可以得到同学的拥护、老师的宠爱的。宝拉作为学生团体中的"领导者"，她害怕自己的地位被超越，因此既欺负弱小，又排挤优秀，想稳固、彰显自己的实力，说到底还是对自己的能力有所怀疑。

还有很多方式能证明你的强大。真正的强者不是你打败多少人，而是你帮助过多少人。一个集体由于大家对你的拥护，你自然就成为同学们心中的"领导者"，你想证明自己强大可以体现在不断提升自己，在学习上欢迎挑战者，在生活中保护同学、帮助同学，这样同学们就会发自内心地拥戴你。如果只用这种拉帮结派、孤立排挤班里弱小同学的伎俩显示自己，用不了多久你就会在同学们的心目中垮台。

情节五 ▎练习表达，学会沟通

课间，大家去水房洗手。李善看到智雅手腕上还带着她送的手环，原本是想表达对智雅美好友情的怀念，结果却说："那个你还戴着呀？那个手链是我给你的嘛。"智雅听了就有一些不高兴了，说："那怎样？"李善说："你为什么还戴着？"智雅："怎么？我不能戴吗？""不是，不是那样的！"智雅："那你想怎样？你想要回去吗？""不是，我就是随口问问。"……结局是智雅生气地摘掉了手链，扔在地上，走了。

显然，李善这次与智雅的沟通不仅无效，还起了反作用。说话是一门艺术，也是一门技术。李善也可以用如下的方式表达。

李善："啊，智雅，你还戴着我送给你的手链呀？"

智雅："是呀，怎么了？"

李善："看到这个手链就想起我们俩的快乐时光呢！"

智雅：……

李善："真希望我们能像之前那样友好！"

沟通的效果取决于对方的回应，如果对方的反应不是你想要的结果，那就可以想一想是不是自己的沟通没有效果。在与人交流中多用正向的语言，如我们去饭店点餐，直接说自己想吃什么，而不是说我不想吃鱼、不想吃虾、不想吃白菜……说到最后，服务员也不知道你想要什么。人际交往也是如此，有话说清楚，不要总想着让别人去猜，以为别人会知道，这些都会造成不必要的误会。

情节六 ▎坚持原则，守住底线

暑假里，智雅和李善来到超市买东西。李善看到一盒彩笔非常喜欢，拿在手里反复看，可她知道自己没有那么多零花钱买。这时超市老板不耐烦地说："不买就别再看了。"李善只好将彩笔放回原处，又去看别的东西。突然智雅快速跑出超市，李善也跟着跑出来。来到一个角落里，智雅从背带裤的肚兜里掏出一盒彩笔，正是刚才李善爱不释手的那盒，智雅说因为刚才那个老板态度那么不好她才这么做的，然后把彩笔送给了李善。李善起初觉得这样做不对，但后来还是欣喜地接受了智雅为自己偷来的礼物。

通过观看整个影片我们知道，智雅、李善不是品质恶劣的坏孩子。可她们为了保持友谊做出一些错误的行为，一次是智雅偷彩笔送给李善，还有一次就是李善偷妈妈的钱为智雅买贵重的生日礼物。这是这个年龄的孩子们容易犯的错。在李善央求妈妈给智雅做寿司的时候，妈妈问李善："你说是智雅重要还是妈妈重要呢？"李善毫不犹豫地说是智雅。在友情至上的年纪，在渴求友谊的岁月中，每个青少年仍然都要守住道德、法律的底线。如果说李善偷拿妈妈的钱给同学买礼物是违反家规，那智雅偷超市里的物品就是违法，真正的朋友是要制止并帮助她改正的。尽管很难，但这是每个人成长的必修课。

不再沉默

看到这里读者会发现，说来说去也就是宝拉和她的两个跟班这三个人从始至终排挤孤立李善，怎么李善感觉全班同学都不理她呢？这就引出来"旁观者"这个"功不可没"的群体。在关系欺凌事件中有以下四类旁观者。

1. 欺凌助手（宝拉身边的两个跟班）

欺凌者的帮凶，和欺凌者一样，有时候比欺凌者还要让人厌恶。因为她们最容易煽风点火，助长欺凌者的势力。

建议：你们没有宝拉一样的优势，却有着和宝拉一样的心肠。也可能是你们觉得有宝拉庇护自己，在班里就是安全的、被拥护的，实际上你们低估了自己的作用和价值，像宝拉这样的人如果没有你们的支持，她也不会那么强势，不会做出那么多伤害李善、智雅的事情。你们需要看到自己，凡事要有自己的主张和看法，不必活在他人的影子里。

2. 欺凌助长者(班里其他跟风的学生)

当智雅报复李善,在班级黑板上写李善的父亲是个酒鬼的时候,班级里的同学们在那里进行各种评价、猜测,甚至拍照等行为在无形中让智雅的欺凌行为无限放大,以至于李善夜不能寐。跟风者的应和,会比欺凌者更让人痛心,会彻底击溃受欺凌者的心理防线,造成无法挽回的悲剧。跟风者可能觉得又不是我写的,关我什么事?可你们评价了、关注了,在这个事件中你们也发挥了一定的欺凌孵化效应。因此,明白是非、立场坚定、帮助弱小才是体现你们价值的做法。

3. 局外人(无动于衷的观众)

这类人可能觉得自己最清白,事实绝非如此。有一个说法:当你不小心摔了一跤,你第一件事要做的是什么?答案是:看看周围有没有人。对于欺凌这件事没有真正的局外人。你只要在场,你就有不可低估的作用和责任。

4. 欺凌反对者

正义的欺凌反对者是欺凌行为中最具保护性的人,是与受害者站在一起的制止欺凌的关键力量。电影结尾,当有同学诬陷智雅踩线时,李善大声说没有……就是这么简单。李善由一个被欺凌者转变为一个欺凌反对者的心理历程很短,也很长。

所以旁观者,你的沉默就是在帮助欺凌者欺凌弱者。今天你不发声,明天被欺凌的人可能就是你。如何制止欺凌事件的发生,需要勇气,更需要智慧。

老师连线

如何处理好关系欺凌，是对教师极大的挑战。

曾有学生谈起过这样一件事。班里一个女生被同学怀疑是"班狗"（班级中给老师通风报信的人），大家都不跟她玩，这个女生非常生气地去告老师，和老师哭诉。老师一听特别气愤，觉得孩子很可怜，为了给孩子做主，就没有指名地在全班说："你们怎么能说同学是'班狗'，这个词好听吗？"本来大家只是怀疑她告的状，老师这么一说，大家更确定是她告的状了。从此，同学们反而更疏远这位女生，不敢和她玩了。因为大家害怕一有什么不妥的地方她就会去告老师。

这种事件很典型，也很普遍。只能说这位老师的处理方式不当，会让被孤立的学生更加孤独。以下是给教师的几点建议。

1. 一定要高度重视

如果有老师发现班级里存在关系欺凌，或者是有同学向老师反映这一类的现象，请老师们一定要高度重视。因为老师往往对一些班级里的肢体冲突等恶性事件会比较关注，而对于"谁没朋友了，谁被孤立了"这样的事不太重视，有时候也觉得学生都那么大了，在这方面也没有什么有效的办法，就忽略了班级里的关系欺凌现象。正如我们在做调查的时候，一提到校园欺凌，老师们就会想到"打架、骂人、诽谤、勒索等"，但是当问到"有没有关系欺凌，如有同学被孤立"时，大多数老师深表认同这种看起来没什么的欺凌方式却是对一个人心理摧残更深入、影响时间更长久的伤害。任何事情要想解决，态度是非常重要的。只要老师从内心高度重视这件事，那么解决的办法就一定会有。

2. 利用团体心理辅导，加强团队建设

班级里出现了关系欺凌的现象，老师可以通过团体心理辅导来引导学生通过体验获得成长。

下面通过"盲行"这个经典的心理游戏为大家介绍一下团体心理辅导。

游戏规则： 全班同学两两组合，一位戴上眼罩扮演盲人，另一位扮演拐棍拉着"盲人"行走在路上，穿越各种障碍、上下楼梯等，整个过程中都不允许出声。

具体程序： 全班学生用一二报数的方法分成两组（如果人数是奇数，可以轮流请一名同学当监督员），然后学生站成里外两个圈儿。里圈的同学戴上眼罩，让他原地转圈，使他基本辨不清方向；然后外圈的同学顺时针往前走，在老师喊停的时候停下，这时候再里外圈对应组合，这时候里圈的同学根本不知道是谁当他/她的拐棍。这样的组合本身就增加了盲行的难度，也就是说，如果你一开始就知道是谁拉着你的手穿越障碍，你可能很容易建立对对方的信任，而此时你根本就不知道是谁拉着你的手的情况下，就像陌生人之间合作一样，这个扮演盲人的同学，就会更谨慎，也更害怕。这种情况下，也会使扮演拐棍的同学没有办法拒绝自己不喜欢的同学，而帮助扮演盲人的同学渡过难关成了他必须做的事。而且老师在做这个活动的时候，已经有意要解决这个孤立同学的问题，那么就更要强调好规则，不能放弃帮助盲人，这是团体心理辅导非常重要的环节。游戏中之所以让内圈儿的同学蒙上眼睛原地转圈儿，让外圈儿的同学移步前行，目的就是使得双方都不知道也不能自己选择搭档，尤其是盲人，不知道是谁在拉着他。所以老师务必提前强调：扮演拐棍的同学必须照顾好你的盲人。这样通过游戏，大家遵守规则，在不知不觉中完成对在集体中被孤立同学的帮助。通过分享环节，每个人都可以说出自己真实的感受，团

队成员之间的了解、默契、关爱就会逐渐形成。

团体心理辅导的特点是一个游戏可以有多种玩法，这需要心理老师积累一定的经验后去创新。

有一位老师在给小学六年级学生上"盲行"团体心理辅导课时就发生过这样一件事。

在游戏一开始就出现了意外。原来是分组到了最后，只剩一个男生和一个女生，这个女生坚决不和这个男生一组（因为这个男生是同学眼中的问题学生），这时候老师并没有说该怎么办，而是说："同学们说说该怎么办呢？"就这样僵持着。这时一个已经有了伙伴的女同学说，我愿意和他一组。就这样分组完毕，第一轮游戏开始了，当"拐棍"扶着盲人走过障碍物后，大家围在一起分享感受。这个男生第一个发言，他站起来含着眼泪说："我感谢乔某某同学，我一辈子都感谢她。刚才没有人愿意和我一组的时候，我感觉很尴尬，可是乔某某同学愿意和我一组，让我有了尊严。"老师说："那你就去感谢一下乔某某同学吧。"这个男孩走到乔某某同学面前，深深地鞠了一躬，说："乔某某，谢谢你！"顿时，班级里响起了热烈的掌声。

那节课上，那个男生还分享道："我扮演了盲人，让我感受到盲人的世界是黑暗的、痛苦的、悲惨的。我仅仅扮演了几分钟，真不敢想象盲人一生在黑暗中度过是一件多么痛苦的事。我还曾经嘲笑过盲人，甚至捉弄过盲人，今后我绝对不这样做了……"

还有一个学生分享道："之前我很担心我的'拐棍'不能帮我顺利走过障碍物，结果他一路上非常细心，让我很安全地渡过难关，我也很感谢他。以后要是有人需要我帮助，我也会像他那样去照顾别人。"

一个扮演拐棍，却差点让"盲人"受伤的学生分享道："我很难受，我在扶'盲人'过障碍物的时候差一点让她摔倒，我很对不起她，她什么都看不见，我感觉自己没尽到责任。"说到这，孩子的眼圈红了。于是老师说："那你愿意当面向她道歉吗？"这个学生走到她的伙伴面前说："对不起。"那个"盲人"伙伴急忙说："没关系的，反正我也没摔倒。还要谢谢你呢！"老师问这个孩子："你此时的心情怎样？"他说："好多了。"老师说："以后再有这样的任务你会怎样做？"他答："我会尽全力，不让她受伤。"

……

看到这里你一定对团体心理辅导有了一点认识——通过体验让参与者获得真实的感受，通过分享了解彼此的内心世界，教师只做支持、接纳、引导，尊重每个参与者。一个团队的成员通过这样的活动能够了解彼此，增进友情。

"盲行"这个游戏适合于有经验的心理老师驾驭，而对于刚接触团体心理辅导的教师，只要在游戏的设置、玩法、规则方面有更周密、科学的安排，也一样能够通过团体辅导达到我们的教育目的。

如果我们的教育不再以说教为主，如果我们的评价不再以考试成绩为主，相信我们的学生在实践中会多一些自信、理解和包容，减少乃至清除欺凌现象。

3. 利用校园心理剧，引导学生自我成长

校园心理剧就是把同学们在生活、学习、交往中的心理冲突、烦恼、困惑等，以情景再现、角色扮演、情景对话、内心独白等形式编成剧本进行表演。在剧中，每个人都是在演自己，演自己的同学，或身边的亲人……所以把平日一些抽象的难以言说的内心情感活动融入心理学的原理和技巧，用心理剧的形式表现出来，从中受到心灵上的启迪，获得自我成长。学生能够在心理剧的排练、演出中学会换位思考，学会共情，拥有同理心。

4. 公平对待每个学生

让每个学生都享有受表扬和被批评的平等权利。每个教师都觉得自己能公平对待学生，实际情况是教师往往把 80% 的表扬或者批评集中在 20% 的学生身上。就是在不经意间，一个别人家的孩子，又聪明又勤奋，哪个老师都喜欢，于是常常在不经意的时候就会夸奖两句；也同样是在不经意间，一个公认的熊孩子，什么都不行，于是总会时不时就批评上两句。结果就是恰好老师把 80% 的表扬给了那个原本就很好的孩子，也正好把 80% 的批评给了那个谁都不喜欢的孩子，这两类学生都容易成为被群体孤立的对象。老师不是不能表扬或是批评学生，只是要注意每个孩子在他进步的时候都需要表扬，同样在每个孩子成长的过程中也需要有批评的声音。这样不仅对学生的成长有利，对于班级成员的和谐相处也是有利的。

在这里给老师们一个小建议：每次表扬或批评学生都做记录。可以在记分册上标注，表扬用 √、批评用 ×，看看一周下来是否只集中在几个人身上？结果可能会让老师们感到震惊。这个做法还可以用在课堂提问的记录上，非常有助于解决公平对待学生的问题。

教师特别关照的孩子也容易被孤立。有这样一个事例，一个纪律不好的班级，老师们来上课总需要维持纪律。一位教师不愿意费心整顿全班的秩序，就只把班级里自己朋友的孩子叫到讲桌边进行辅导，任其他学生在那里吵闹，结果是这个孩子被同学们集体孤立。学生用这种无声的抗议表达着对老师行为的不满。

家长作为

在生活中我们往往特别关注孩子身体上受到的伤害，因为它非常直观。而忽略了或者不太容易发现孩子心灵上受到的创伤。这一小节主要与家长分享一下如何识别你的孩子是否遇到关系欺凌，以及如何解决这个难题。

1. 如何识别孩子是否遇到了关系欺凌？

如果孩子遇到肢体欺凌，我们可以直观地发现；如果孩子遇到关系欺凌，一般情况下不太容易发现。其实，只要你是一个有心的家长，还是有蛛丝马迹可寻的。

第一，孩子情绪变得低落，少言寡语，做事情心不在焉，很少提班里发生的事。对什么都提不起兴趣。

第二，学习成绩明显下降，经常走神儿，缺乏学习动力。

第三，有的孩子还会用"我们班谁谁谁被同学孤立了"一类的话语试探性地寻求父母的帮助。

以上状况说明孩子可能遇到了关系欺凌，父母需要关注。

2. 孩子被孤立了该怎么办？

孤立是关系欺凌中对孩子伤害最大的一种形式，也是孩子依靠自己最无能为力处理的一种形式。

如果你发现孩子遇到了关系欺凌，但他并没有告诉你，你可以问问孩子："这几天我看到你的情绪总是很低落，发生了什么事？可以和我说说吗？"

如果孩子和你说："妈妈（爸爸），我被同学孤立了，特别难过……"

第一，走过去，轻轻地抱抱孩子，用手摸摸孩子的后背，说："谢谢你告诉我，我很理解你的感受。"

第二，明确地告诉孩子，被孤立不是你的错，而是那些孤立你的人的错！无论什么原因，他们都不应该孤立你。有很多时候孤立你也许恰恰是因为你优秀而引发了妒忌，就像《我们的世界》中智雅因为考试成绩超过宝拉而引发了宝拉一伙人的排挤。

接下来，你可以问问孩子具体的情况，引导孩子在回顾整个事件的过程中体会有些方面是不是可以有所改善，如沟通方式等。如果是孩子不可改变的因素，如外貌、身高等，那么就告诉孩子，每个人都有专属于自己的特点，而这些并不能成为别人孤立或是嘲笑你的理由，因为这些原因孤立你，是他们的错。

第三，征求孩子的意见，商量解决的办法。

看这个事情是你自己解决，还是爸爸妈妈帮你一块解决？我们可以用哪些方法去解决这件事？可以启发孩子想解决的办法，也可以说说自己的经验：如找同学谈谈，是不是有什么误会？把自己的感受告诉对方。是不是也可以求助一下老师，是孩子自己去找，还是爸爸妈妈去找？和老师怎么谈？等等。这些都可以与孩子讨论、商量。然后制订一个方案，确定各自的任务后开始行动，在这个过程中有什么情况再随时调整。总之就是让孩子思考、参与、解决问题。这样孩子即使受到创伤，解决的过程就是治愈和成长的过程，才可以逐渐帮助孩子恢复和建立自信。

第四，帮助孩子建立朋友圈。

如果是小学生可以联系平日里比较熟悉的家长一起组织孩子们来一个户外活动。如果是中学生，可以推荐孩子参与一些社会活动，一起看一部好看的电影、参观展览等，也可以利用节假日邀请孩子的三五个同学来家里玩，增进彼此的了解，建立更深的友谊。如果只是大家去快餐店 AA 制，又怎么建立更深的友情呢。家长一定要为孩子创造一些和同龄人、同学一起玩的机会，来教他们学会怎样与人相处，并帮助孩子建立友谊。孩子有更多的朋友，也就不再被孤立了。

在我们做有关校园欺凌的访谈时，当问到孩子：你遇到校园欺凌会告诉爸爸妈妈吗？有一部分孩子摇摇头，我继续问为什么，孩子们的答案竟然是惊人的相似：我一告诉爸爸妈妈，他们总会说，为什么不欺负别人？是不是也有你的责任呢？……而家长这样回答往往是给孩子的伤口上撒盐。有很多悲剧发生之后，家长会痛心地说：孩子为什么不告诉我呢？却不知是你自己亲手堵住了孩子求助的通道。

因此，请家长们一定记住：你永远是孩子的有力后援！

第 8 章
网络欺凌

网络欺凌是在网络上利用微信、QQ、微博、抖音、小视频、知乎等新媒体，以明示、暗示的方式，通过发表言论、点赞、转发、留言、评论、群聊、弹幕等方式对他人进行言语谩骂、挖苦讽刺、舆论造势、传播负面消息、造谣诽谤、发送骚扰信息煽动他人发起群体攻击的欺凌行为，是一种非接触性的情绪攻击。

由于网络空间的开放性和非时空限制，网络欺凌呈现出即时性、便捷性、传播快、传染性强、危害性更大的特点。网络欺凌不受时间、地点的限制，降低了施暴的成本和条件，施暴呈现出便捷性，由于不是直接面对面的欺凌，使得施暴者被评价的焦虑减弱，降低了施暴者的羞耻感和风险意识，施暴者也被称为"键盘杀手"。网络欺凌的受害者会产生强烈的失控感、无助感和耻辱感，身心能量受到巨大消耗，严重的失眠、逃避上学，甚至自杀，网络欺凌会对青少年的心灵产生不可估量的伤害和影响。

网络是开放的公共空间，但并不是法外之地，网络欺凌危害了他人的名誉权，属于违法行为，需要承担相应的法律责任，网络欺凌在法律、道德、社会公俗层面都是不被允许的。

案例：《你的地盘你做主？》

我是一名初二女生，平时学习还不错，但是最近一次考试并没有考好，我爱和男孩子玩，异性缘好，脾气大，嗓门大，有点虎。

不知从什么时候开始，班级里有同学开始指责我，说我自以为是，爱出风头，后来发现女生里排斥自己的挺多。最近发生了很不开心的事，同班女同学在朋友圈发表了关于我的很不好的文字，用了我名字的首字母缩写，虽然没有直接指名道姓，但班里同学都知道指的是谁，朋友圈的内容是：神烦 LXM（LXM，我的名字首字母），她啥时候从地球消失啊？

看到朋友圈以后，我很生气，准备直接找她理论。第二天早上起来，打开手机发现班级里很多同学给她点赞评论，尤其是女同学的评论，如"+1""me too""赞×100""呵呵""啧啧"等。看了同学的评论，我心里很难受，也很崩溃，为什么就没人帮我呢？为什么他们要一起欺负我呢？

我当时就有了不想上学的想法，但又怕父母问东问西，只能心事重重地来到学校，上课时总是发呆走神。课间我找到发朋友圈的同学，问她为什么骂我，要求她删除朋友圈，得到的回答是："不要对号入座""不要给自己加戏""我的朋友圈我想怎么发就怎么发"之类的话，一时间我也无言以对。

后来再翻看她的朋友圈，已经设为三天可见，有没有删除关于我的信息不得而知。

事发之后我闷闷不乐，总是分心走神，没心思学习，作业也总是出问题，任课老师们反映我学习状态不好，然后班主任约谈了我，谈话中班主任问我为什么状态不好，我没有告诉他发生的具体事情，只是说了一些学习上的麻烦，班主任建议我调整好自己，别把学习落下，快点找回以前的好状态。

可是这件事后，我总是没办法专心学习，想了很多，同学们不喜欢我，学习成绩下滑会被别人笑话，老师会批评我，家长也会接到老师的沟通电话之类的。越想越烦，陷入恶性循环，甚至还出现了失眠以及不想上学的想法。

大概一个月后，发朋友圈的女同学在 QQ 空间发表"说说"，实名骂我很难听的话，指名道姓地发表了关于我的负面信息，直接骂我"很贱"，这条"说说"被校内很多同学浏览、转发和评论，第二天该女生删除了"说说"，但造成了很大的影响，同学们议论纷纷。

事后我再次找到该女同学理论，得到的回答是："我已经删了，你还想怎样？"这件事之后，以前不认识的同学，也在通过各种渠道打听我的情况，我觉得很丢人，没脸去学校了，于是请了病假，后来在我妈的追问之下，和她说明了情况，要求他们给我转学，否则我真的不想去上学了。

内心独白

这是一个典型的网络欺凌案例，欺凌者利用网络，先后以暗示、明示的方式有针对性地发表言论、恶意攻击、故意传播、放大负面消息，对当事人进行非接触性的舆论攻击，给受害人带来了恶劣的舆论影响和心理困扰，造成受害人严重的心理冲突，导致其注意力不集中、成绩下降、失眠、厌学等。

被欺凌者独白：

为什么，为什么……为什么同学们相信她所说的，为什么同学们都和她好呢？难道就没人相信我吗？为什么有人给她点赞，是讨好她，还是讨厌我？大家都在看我的笑话。要不要告诉老师？老师会相信我吗？老师会不会说你也有做得不对的地方？我真的好烦，好烦，我再也不想见到班级同学和学校里认识我的人了，我不想去上学了，我好讨厌学校，好讨厌班级，好讨厌同学，不去了，再也不去了（沮丧、怀疑、回避）。

欺凌者独白：

哈哈，我的地盘我做主，我的微信、我的 QQ、我的账号，我想怎么发就怎么发。我就是看她不顺眼，看见评论了吧，不是只有我一个人讨厌她，她就是"万人嫌"，看不惯她的人多啦，只不过没人愿意说出来罢了，我这是"仗义执言""敢说实话"。

看她生气的样子就莫名开心，这些都是她自找的，谁让她整天围着那几个男生大呼小叫的，好烦她，真搞不懂，她怎么能有异性缘……

不过，怕她告老师，暂且把"说说"删了，哈哈，我聪明吧（嫉妒、心理不平衡、得意、得逞，被"胜利"的错觉包围）！

旁观者 A 独白：

某人被挂在网上了，哈哈，××可真敢说啊，解气、点赞。（跟风、站队、幸灾乐祸）

旁观者 B 独白：

看了××发的"说说"，她说的是真的吗？不会是真的吧？不过我才不掺和她们的事（怀疑、被影响、冷漠、事不关己）。

旁观者 C 独白：

都说朋友圈是小江湖，看了××发的"说说"，那人还真是挺惨的，我可不能被人挂在网上，太丢人了，太没面子了。不过这样做不太好吧，哎，算了，她们之间的事她们自己解决吧（中立、局外人、远离是非）！

案例中的欺凌者、被欺凌者、旁观者都在受影响，没有真正的赢家。

如何求助？

1. 消除两大顾虑，实事求是地说出整个事件的来龙去脉

（1）消除"担心说出来后被别人说'你也有错'的"顾虑，即便你自己有错，也不应该被别人网暴，有错不是别人欺负你的理由。

（2）消除"担心说出来后，激化矛盾，扩大影响范围，得罪某些人，不被支持，反而得到更严重的报复"的顾虑。回避，不是解决问

题的正确方式,一味忍让或委曲求全不一定能换来安宁,问题遗留下来,可能还会纵容对方下次变本加厉,只有彻底解决问题才能根除问题。

(3) 把先后两次遭遇网暴的经历说出来,包括时间线、朋友圈具体内容、"说说"具体内容,同学们的反应,对自己的影响,最好把截图提供给老师。

(4) 说出来的过程是梳理问题的过程,也是减压释怀的过程,借此可以勇敢地指出对方的错误,也可以审视自己,学习一些自我保护的方法。

2. 说出或者写下自己的真实感受

是纯粹的真实感受,而不是考虑别人看了会怎样评价自己的感受。具体包括:

(1) 看到自己被挂网上的慌乱和愤怒。

(2) 知道被网络攻击后的沮丧。

(3) 应对网络暴力的不知所措。

(4) 被同学议论的羞耻感。

(5) 担心没人支持自己的焦虑感。

(6) 要不要告诉老师的纠结。

(7) 担心父母知道后刨根问底。

(8) 担心老师知道后的反应。

3. 勇敢地表达出自己的诉求

(1) 第一时间截图,留存证据,可以请求其他同学帮忙做证。

(2) 第一时间要求当事人删除有关信息。

(3) 要求当事人公开对错误言论进行说明、道歉和解释,以消除网络影响。

(4) 表达出需要老师、同学怎样的帮助,来维护自己的权益。

（5）寻求一些阻止恶劣影响的具体方法，如联系网络警察强制删除信息，后台阻断传播等。

（6）表达出需要老师、家长介入的诉求。

4. 向关键人物求助

（1）向好朋友求助：不要默默承受，找到好朋友倾诉，说出你的烦恼，释放压力。

（2）向老师求助：不要担心老师的立场，即便老师指出了你的错误，也不会纵容对方胡作非为，消除顾虑，相信老师，配合好老师的调查。

（3）向家长求助：不要担心家长的指责和刨根问底，说出细节，回避不是解决问题的办法，直面问题，争取彻底解决。

（4）向学校求助：在与家长、老师商量后，必要时可以上报学校，要求学校有关部门出面帮助解决问题。

（5）向社会求助：拨打 110、12355 青少年心理援助热线。

（6）向自己求助：不结交社会不良少年，不给社会不良少年认识自己的机会，远离学校内的问题少年。做好自己，积极向上，避免心理空虚和低级趣味，努力提升自己的思想境界，远离矛盾纷争，学习人际交往技巧，要有朋友，学习自我保护的方法，自信、自强，气场要强大。

不再沉默

你不是无关的局外人，你看到的一切都在悄悄地改变着你，发生即经历。事不关己高高挂起，看热闹只会让自己更冷漠。今天你看热闹，明天你可能被别人看热闹。不作为的你，会让自己一点点自私起来。跟风点赞，使自己是非观念模糊不清，将来可能模仿不良行为。对错不分，价值观混乱，你会变得越来越没有正义感，丧失道德底线。所以，不再沉默，要行动起来。

（1）不点赞、转发、评论网络攻击行为。

（2）劝说发起网络攻击的同学删除信息。

（3）帮助被欺凌者采取措施，协助双方沟通，寻求老师的帮助。

老师连线

（1）作为老师，首先要求涉事的同学立即删除相关信息。

（2）明确态度，直接告诉涉事同学，不管发生什么，都不是你发动网络攻击的借口。

（3）调查事情的来龙去脉，全面、客观地弄清事件的前因后果。

（4）找涉事同学单独谈话，问清矛盾、过节、动机和心理活动。科普网络攻击的法律知识，认清网络并非法外之地，规范自己的言行，完善自己，引导涉事者通过正规渠道解决矛盾纷争。

（5）找受伤害的同学单独谈话，倾听其心声、委屈和诉求，为之加油打气，鼓励其做好自己，引导其处理好人际关系。

（6）约谈当事的两方同学见面，化解矛盾，在道歉的基础上，促成共识，以防再次发生类似事件。

（7）进行风险评估，必要的话，通知双方家长。

（8）如果需要，可以请学校心理老师做心理疏导。

（9）不以成绩论英雄，要善于发现学生中的暗潮涌动，重视班级文化建设，重视班级团队精神，树立健康的竞争观、交友观、学习观和发展观，营建和谐的班级文化，通过主题班会、演讲比赛、小视频、辩论等方式加强网络安全教育。

家长作为

1. 作为被欺凌者的家长，需要怎么做

（1）给孩子底气，告诉他/她，你是他/她坚强的后盾。

（2）取得孩子的信任，不批评、不评判、不指责。

（3）安静地听孩子诉说，不打断、不插话、不着急指出孩子的错误。

（4）帮助孩子及时止损，降低名誉损失。

（5）心平气和地给孩子一些实用的建议，例如，在班级不要大喊大叫，以免同学反感。第一次被欺负就要说出来，不要等到下一次。说话做事要考虑同学的感受等等。

（6）工作之余，多关注孩子的情绪变化和心理变化，发现异常一定要及时询问。

（7）改变"不缺吃不缺穿，哪来那么多烂事"的简单认知。多多学习，多多提高，经常和孩子交流，给孩子信心和指引。

2. 作为欺凌者的家长，需要怎么做

（1）告诉孩子不管发生了什么，发起对别人的网络攻击都是不对的，欺凌别人早晚会出事，不要抱有侥幸心理，马上停止攻击行为。

（2）向受害学生和家长诚恳致歉，真诚地表达出：家长是有责任的，孩子是有错误的，请求对方原谅。

（3）教育孩子正确处理矛盾，要善良、大度、宽容、与人为善。

（4）心平气和地引导孩子改正错误，不要抓住这次错误不放，给

她改正、学习的机会。

（5）和孩子一起学习法律知识，改变"朋友圈是我的，我的地盘我做主，想怎么发就怎么发"的错误认知，朋友圈等社交软件，所发文字、图片应该以不伤害别人为前提，要对所发内容负责，要有这方面的法律意识。

（6）可以把相关法律知识打印出来交给孩子，这样更有仪式感，更郑重其事，让孩子感受到法律的庄严，不可随意触犯。让孩子深切地体会到网络上并不能不受约束地任意发言，网络并非法外之地，明示、暗示给他人造成伤害的都要承担法律责任。

（7）不片面关注学习成绩，更要关注孩子的品德、品行发展，引导孩子积极向上，善良友爱。

学校作为

创建文明和谐的校园文化环境，为青少年的健康成长保驾护航。充分认识网络是现代青少年无法回避的学习成长空间，是青少年成长环境中重要的一部分，是校园环境的一部分，是校园文化建设的一部分，学校要重视起来，通过电子屏、校报、橱窗、教师培训、主题活动、法制宣传、演讲、辩论、心理科普、知识竞赛等，把校园网络安全纳入学校文化建设、德育建设和班级管理中。

第 9 章

性欺凌

校园性欺凌是针对学生群体的，以哄骗、利诱、威胁、恐吓、胁迫的方式，迫使对方与自己保持暧昧关系，做出一些超越男女正常界限的事情，包括有目的的接触、不怀好意的关心、别有用心的利益投放、各种方式的暧昧挑逗，逐步设局获取好感，最后达到思想控制、肢体接触、身体侵犯的目的。

严重的校园性欺凌可能还会以聊天记录、对话截图、不雅照片、利益捆绑、散播舆论等手段威胁对方保持沉默或者继续顺从，使受害者失去自我控制的能力。相对来讲，与社会青年交往、网恋、跨年恋、师生恋发生性欺凌的风险较大。

恋爱交往下的性侵、对男生的性侵以及同性性欺凌，是特殊的性侵犯，可以参照主体原则进行防范，但还需特殊情况分别对待。

性欺凌是校园欺凌的一部分，但又不是普通的暴力侵犯，它事关隐私，是孩子的秘密花园，属于特殊的伤害。校园性欺凌敏感、隐晦、难以启齿，使得施暴者隐秘施暴，步步为营，最后达到身体侵犯的目的。

性欺凌使未成年人背上沉重的心理包袱，不仅生活现状遭到破坏，未来也会受到影响，严重的会造成自暴自弃、学业挫败、自责、自罪、自残、抑郁、焦虑、精神接近崩溃的状态。性欺凌是身体和灵魂的双重暴击。防范性欺凌是防范校园暴力的一部分，也是保护未成年人健康成长的重要部分。

案例：《网络逐梦历险记》

小米（化名）凭借着甜美的声音条件以及对语言的热爱，获得的各类口才奖状已经占据了半个墙面，14岁生日那天她许下一个愿望，立志成为一名出色的播音员。因为个人爱好和网页推荐，她加入了一个"你与主播只差三天时间"的同城网络聊天室。出于好奇，小米询问了聊天室名称的来由。

小米："为什么只差三天？"

主持人解释："昨天、今天和明天，天赋是昨天，努力是今天，坚持是明天。"

这个回答深深地吸引了痴迷演讲、热爱播音的小米。课余时间，她经常登录聊天室，与志同道合的朋友连麦，听他们聊播音、聊梦想，聊未来。一来二去，小米与谈吐风趣、声音独特的聊天室主持人远航老师成了师徒关系，小米很开心能得到专业老师的引领和指点。

小米对这位未曾谋面的远航老师有着偶像式的崇拜，而远航老师对有天赋、有才情的小米也是格外关注，二人自然地成了"亦师亦友"的特殊朋友，经常私下聊天。

一切在悄然发生，一切在悄然改变。后来，远航老师提出了当面指点小米的提议。几番犹豫后，小米和远航老师见了面，"远航老师"颇有几分风度和学识。慢慢地，小米错把欣赏当爱慕，错把钦佩当好感，错把崇拜当吸引，逐步陷入远航老师精心编织的温柔陷阱，不由自主地对他产生了依赖心理。最后，对异性的懵懂、对性的模糊、对爱情的朦胧，以及心智的不成熟，使小米被控制、被洗脑，精神和身体都逐渐失守，二人开始了一段不该开始的交往。

终于小米后知后觉地发现，远航老师和多名女学员有染，原来这是一场网络猎艳少女的阴谋，一切变得丑陋起来，老师的关心和指点是一场居心叵测的诱奸，她被耻辱和羞愧包围，愤怒于远航老师的伪善和龌龊，但更多的是不能原谅自己的无知和无能。

冷静下来，小米决定在网上以匿名的方式说出自己的遭遇，希望借助网友的力量，揭露远航老师的丑恶嘴脸。为此，她注册了全新的账号，说出了自己的遭遇，可没想到的是，对她的谩骂和攻击像雪片一样多：

"这个女生好贱啊！"

"别装了。"

"还不是自愿的？！"

"别人拿枪逼你了吗？"

"是不是想要敲诈？"

看到网络上的留言，小米难过又羞愧，默默地注销了投诉账号。

不堪往事变成心事，心事变成心魔，她的生活节奏被打乱，开始心神不定，成绩下滑，抑郁、焦虑、失眠一起袭向她。一段时间后，她难以独自承受，忐忑地想要把事情说给妈妈听。

小米："妈妈，咱们家什么都有，就是没有性教育。"

妈妈："那是对需要性的人的教育，不是你这么小的年龄该关注的事情。"

小米再也不说话了，再也不吭声了。

一个星期后，小米又一次鼓足勇气找到妈妈。

小米："妈妈，听说我们学校有个女生和一个社会青年好了。"

妈妈："谁啊？小小年纪，这么不要脸！"

小米："不知道，只是听说。"

小米多次尝试求助，渴望家人的关怀，但得到的回应一律都不是她想要的，刺耳的声音让她止步于徘徊。于是她决定独自保守秘密，默默消化一切。

然而一个月后，由于身体出现异样，小米上网查询，发现自己可能怀孕了。她慌乱无措，害怕极了，这对于 15 岁的她就像晴天霹雳，不知该怎么办，精神崩溃的她，恍恍惚惚，走路险些被车撞到。纠结了三天后，她鼓足所有的勇气，最后一次试探了妈妈的态度。

小米："妈妈，听说我们学校有个女同学怀孕了。"

妈妈："那还活着干什么，死了算了。"

空气凝固了，小米绝望了。想起即将到来的初三和下滑的成绩，想起网友的谩骂和妈妈的厌恶，想想现在，想想未来，曾经的自己，离梦想那么近，现在的自己，离梦想那么远，小米觉得自己无药可救了，生活失去了意义。

她恨过去、恨自己，恨自己无知，恨自己不谨慎，更恨自己的堕落，于是开始了一场与自己的较量，开始怀疑人生，厌恶自己，在这场与自己的战争中小米身心俱疲，未能走出阴霾，未能与过去告别，未能与往事和解，自卑和耻辱吞噬了自己。天色渐晚，小米没有回家，绝望地走向了天台……

内心独白

这是一起由网络交友引发的性欺凌案例，小米的悲剧有她的必然性，诚然网络交友不慎和远航老师的非法侵犯是小米痛苦的起源，但缺少成人世界的接纳力量和性耻感是她走向毁灭的核心要素。这场悲剧也告诉我们，对未成年人的异性观教育、感情观教育及性教育是家长不可推卸的责任。而对于已经遭遇性侵的未成年人，家长更负有接纳、关怀、妥善解决问题和心理疏导的责任，家长的态度和处理方式可能会挽救一个孩子，也可能毁了一个孩子，小米的故事给我们敲响了警钟。

受害者（小米）独白：

播音是梦想，也是乐园，我欣赏风度翩翩、声音迷人、出口成章的远航老师，老师的关心是对我语言天赋的认可，被肯定、被关注，我是幸运的。

后来的后来，自然裹挟着刻意，改变在发生，我不是我自己了，我不是小米了，老师也不是老师了，发生即罪过，改变却无力，我失去了对自己的控制，想过全身而退，却无法抽身，我是不幸的。

终于，我发现，所谓学问不过是伪饰的才华，所谓出口成章不过是巧言令色，原来美只是假象，假象中的阴谋，阴谋中的罪恶，罪恶披上华丽的外衣，恨自己与罪恶为伍。我不甘心，我要做些什么，我能做什么？

自责与悔恨交织，羞耻无限循环。从前的我，爱自己、爱未来，现在的我，恨自己、怕未来……

受害人妈妈独白：

耳边无数次想起小米的声音，"妈妈，咱们家什么都有，就是没有性教育。"而我却说："那是对需要性的人才该有的教育。"后来，小米说："妈妈，听说我们学校有个女生和一个社会青年好了。"而我却说："谁啊，这么不要脸！"再后来，小米说："妈妈，听说我们学校有个女同学怀孕了。"而我却说："那还活着干什么，死了算了。"

每每想起自己刺耳的声音，忏悔、反思、悔恨都瞬间涌上心头，心痛不已。这是小米在求救啊，她借别人的故事在说自己的遭遇，她借别人的名义在试探我的态度。15岁的她，需要我的帮助，而我，作为母亲，却不懂她的挣扎，不懂她的无助，妈妈都不帮她，小米该有多绝望啊，是我把她推向了深渊……

如果一切能够重来，我会把她的喜怒哀乐尽收眼底，读她的欢喜，读她的伤悲。如果一切能够重来，我一定这样和她对话：

小米："妈妈，咱们家什么都有，就是没有性教育。"

我："怎么想起问这个问题？你想知道什么，妈妈可以告诉你。"

小米："妈妈，听说我们学校有个女生和一个社会青年好了。"

我："是吗，你认识她吗？她还小，不成熟，这不是她的错，你可以帮帮她！"

小米："怎么帮她呀，您有什么好办法吗？"

我："那你把她的具体情况说说，我们看看该怎样帮到她。"

小米："妈妈，听说我们学校有个女同学怀孕了。"

我："真的吗？如果是真的，她应该立刻告诉她妈妈，越快越好，这不是十几岁的孩子自己能解决的事情，但家长会帮她解决问题，一切都能处理好，一切都能好起来。"

这一幕幕如果曾经发生该有多好，然而，一切不可能重来！

施暴者（远航老师）独白：

成熟是我的魅力，俘获少女芳心非我本意，一切只是自然地发生，她不是她，是"她们"，小米不是小米，是"小米们"。网络是狩猎少女的便捷之地，少女的羞耻感会让她们沉默，少女的自尊心会使我安全，"小米"与我，少女与成年，心智的不对等，想要控制她们太容易了。

"她们不会说出去"是我的侥幸心理，在别人眼里我是无耻的"狼师"，这些我都知道，但我还是那么做了。

如何求助？

小米当初如果这样做，可能会有不一样的结果：

（1）储备一些基本的生理科学和心理科学知识，能够提前识别性侵犯的信号，而不是后知后觉地发现被侵犯才追悔莫及。意识到被侵犯，要留存重要证据，如交往时间线、录音、截屏、通话记录等关键信息，以及对方图谋不轨的实质性证据，这样小米在网络上揭露远航老师罪行时，可以晒出证据，享有话语权和主动权，不会因为空口无凭遭遇网络攻击。

（2）不与异性保持多重关系，如师生之外的朋友关系、同学之外的兄妹关系、校外的干哥干妹关系。在案例中，小米与远航老师的亦师亦友使心智不成熟的小米吃了亏。多重关系边界不清，界限不明，容易发生不明不白的纠缠。

（3）警惕利益诱惑，切记"天下没有免费的午餐"，不轻易接受异性的礼物、钱财、请客和来路不明的帮助，以免将来处于被动，留下口舌，失去关系中的控制能力。

（4）不答应异性以各种理由提出的去酒店、旅馆、郊外或僻静场所的见面请求。特别注意与网友、辍学人员、校外人员、无业人员、社会人员的交往，此类交往风险大、危险多、问题多、后患多，要果断避开，不给自己找麻烦。

（5）保持社交距离，与异性相处有礼有节，不突破男女正常交往的界限，不越界。谨慎，是对自己的保护，也是对对方品行的考验，树立积极健康的异性交往观。

（6）建立身体边界和精神边界。身体神圣不可侵犯，保持精神独立和灵魂自由，不依赖、不盲目崇拜，有主见，边界感是对身体和心灵的保护。

（7）遭遇性侵后放下顾虑，卸下心理包袱，要直接告知家长实情，而不是进行间接性的试探。对于间接性的试探，家长未必能领会真正的用意。小米的妈妈因为不知道实情，说了一些难听、过分的"局外话"，这些话语给小米带来了二次伤害。

（8）小米怀孕后，可以遵循三个处理原则，告知家长，遵循医学处理，做好心理建设。第一时间告诉家长，和家长商量对策，想办法及时止损，而不是一味地沉默自责，沉默可能会错过最佳处理时间。如果没有条件得到家长的帮助，可以向其他成年人求助，例如，老师、亲戚、社区干部、学校领导，还可以拨打法律援助和心理援助电话，要进行多次尝试，不要轻易放弃，总有人能帮到你。

老师连线

（1）细心观察班级里每一位同学的情况，发现表现异常的学生，主动关心，主动询问，主动提供帮助。

（2）如果小米选择相信老师，老师要耐心倾听，平静地听她讲述，不要大惊小怪吓到小米，保护好小米的隐私，不歧视，不另眼相看。老师的保护是小米的希望，老师的尊重是小米面对现实的力量。

（3）对于小米不便说出口的隐私，不要利用老师的权威强迫她说出秘密，但要通知家长密切关注孩子的举动，配合家长妥善处理好孩子的问题，后续仍会给予持续的人文关怀。

（4）主动参加防范性欺凌方面的专题培训，获取知识储备，以备工作之需。

（5）利用班团队会开展自我防范教育，可以参考以下内容：

① 与不熟悉的异性交往要有防备意识，尽量不单独见面，在外面只喝自己的水或饮料。不与网友见面，网络有风险，交友需谨慎。不接受对方发送的色情图片、不良信息、低俗玩笑、色情视频等、拒绝对方的挑逗，不给坏人机会。

② 识别恋爱交往下的性骚扰和性侵犯，包括拥抱、亲吻，过分的肢体接触、暧昧的话语。如果对方提出实质性的身体接触，要不卑不亢地拒绝，即使恋爱也要有健康的恋爱观、远大的学业抱负和高雅的情操，提高自己的眼界和甄别能力，不随波逐流，不盲目模仿他人的恋爱行为。

③ 能够识别潜在危机，有逃离危险的智慧，例如，借口去厕所、接听父母电话、大声讲话引起别人注意、走向人多的地方、大声呼救等。

（6）性教育有别于其他的常规教育，属于孩子的私密花园，不适合大规模深度科普，个别极端案例也不适宜广泛宣传，以免出现负面影响扩大化。但性教育不应成为教育盲区，可以从性别教育、性意识教育、自我防范、青春期教育切入，合理开展相关工作。老师要配合学校，宣传校园性欺凌的相关文件，引导学生善用法律法规保护自己。

家长作为

1. 防范性欺凌，家长在行动

（1）面对色狼和心理变态的人，孩子有时会防不胜防，防范性欺凌最重要的还是要培养孩子自信、独立、安全、快乐的品格，这样，孩子才不容易被诱骗，不容易崇拜、精神依赖或者思想受控于他人。培养精神独立和灵魂自由的品格是非常重要的。

（2）家长的关心、呵护、监管要到位，警惕监管盲区，不能因为爱的缺失、关心不到位、精神贫瘠和物质匮乏，使孩子陷入无助之中，给坏人可乘之机。

（3）家长要读懂孩子的情绪、暗示信息、突然的发问和奇怪的行为。孩子可能会假借别人的故事来试探家长的态度，如"我们班有个同学怎么样了""我们学校有个同学怎么样了""我以前的同学怎么样了"，这也许是孩子借别人的名义在求救，如果家长未能读懂孩子的真正用意，说一些简单粗暴的话："真丢人""太不要脸了""活着干什么""不如去死"，这样的回答可能会把孩子推向深渊。家长如果采取包容、接纳的态度，和孩子一起商量如何解决问题，就能挽救一个孩子。

（4）引导孩子识别危机，识别风险，识别花言巧语，识别坏人精心编织的爱情谎言，不轻易投入感情、时间、精力和幻想。鼓励孩子遇到侵犯要说出来，沉默是对坏人的保护，沉默也是对自己的隐形伤害，至少要向父母坦言，保守秘密对孩子来说是巨大的心理压力，消化性侵的经历超出了他们心理能够承受的范围。

（5）孩子遭遇了性欺凌，第一时间进行评估和创伤处理，当机立断，采取措施，让施暴者收起罪恶的黑手，后续还需要给孩子持续的心理疏导和干预，鼓励孩子告别过去，重新开始，一切都可以重来。

（6）警惕性欺凌的二次伤害。"受害者有罪论""反复让孩子陈述过程""给孩子泼脏水"等都是二次伤害。"受害者有罪论"让孩子蒙羞，认为只要卷入其中就是罪恶的。"反复让孩子陈述过程"，孩子不愿意回忆的都是创伤。施暴者为免除惩罚，会给孩子泼脏水，如"她是自愿的""是她主动的"，让全世界都觉得她有错。诱导未成年人自愿发生的性行为，也要受到谴责和制裁。

（7）正确面对性羞耻感，性羞耻感让孩子遭遇侵犯后不但难以启齿，还会怪罪自己，因此要告诉孩子，你终归是孩子，发生这一切不是你的错，未成年人与成年人的认知不对等、未成年人心智发育不成熟，难免会走一些弯路，这都是可以理解的。但你需要谨慎和吸取教训，不要折磨自己，不要让这段经历成为心魔。

（8）恋爱交往下的性欺凌比较隐蔽，不易察觉。识别性欺凌主要把握几大原则：当事人心智是否成熟，是否自愿和是否被哄骗。家长可以通过聊天式的"预防性教育"使问题止步于萌芽状态，在这一点上，不管是男生还是女生家长要同等重视。不应该有"男生不会吃亏""女生才会被占便宜"的狭隘思维，凡事有因果，坏事有代价，多行好事，尊重别人就是尊重自己，善待别人就是善待自己。家长要引导孩子认识到，性的基础是爱，两性结合的前提是自爱，自爱和他爱的结合才是两性的归宿，真爱至上的两性结合才是美好的。健康的恋爱观教育也是防范性欺凌的一部分。

（9）防范性欺凌不能矫枉过正。"草木皆兵，全民色狼"的防范意识，使孩子缺少对社会的信任和安全感，孩子内心感到不安全，行为小心翼翼、惴惴不安，会影响孩子的生命品质，防范性欺凌要适时适度。

2. 如果孩子怀孕了，家长该怎么做

（1）第一时间掌握孩子怀孕的消息，读懂孩子的潜台词，"我们学校有个女生怀孕了""如果我做了特别过分的事,你会不会原谅我？""妈，我对不起你""活着没意思"……如果孩子言行奇怪，一定不能掉以轻心，要弄清事情的原委，以便在最佳时间帮助孩子处理危机。

（2）要安抚孩子，遇到这样的事情，孩子会害怕、会慌乱，害怕被责备，害怕被议论，害怕人生就此完了，此时家长要给孩子吃定心丸，告诉她你能帮她处理好这件事，这是非常重要的一点。

（3）带孩子去看医生，尊重医生建议，在能力范围内给孩子最好的照顾，不能因为孩子犯错就赌气惩罚，敷衍了事，留下终身遗憾。细心照顾好孩子的身体，其实孩子吃什么、喝什么不重要，重要的是她会通过你的照顾放下心理负担，减轻焦虑和羞耻感，这本身就是一种心理疏导。如果父母在这个节骨眼上给孩子脸色，冷言冷语，不但不能帮助孩子走出心理阴影，还会给孩子留下终身的心理创伤。

（4）不要着急追究责任，充分考虑孩子的感受、顾虑和想法，平衡好利弊，综合考虑"要不要追责？""怎么追责？"，一切以"孩子的感受"为准，而不是以"利益最大化"为准。

（5）事后不要频繁提起此事，更不要以此为把柄来羞辱孩子、责骂孩子、发泄情绪。怀孕属于突发紧急事件，超出了青少年心理承受的范围，处理不好可能会使孩子出现创伤后应激障碍，留下终身心理阴影，甚至是轻生的念头。发生此事，孩子对未来会有担心，家长要宏观地对孩子进行引导，打消孩子的各种顾虑，帮助孩子树立信心，直到孩子的生活重回正轨。

生活明朗，万物可爱，只要积极面对，一切都会好起来。

3. 家长要跟孩子站在一起

家长要跟孩子站在一起去打败难题，而不是与难题站在一起去打败孩子。这让我想起两个故事，一个是国外的，一个是国内的。

故事 1：国外有位母亲，独自拉扯三个孩子艰难度日。有一天，她意外得到了一笔亲戚的遗产，虽数目不大，却是雪中送炭。晚饭时，全家人围坐一起憧憬未来，妈妈要添置些家具，小儿子想买一辆渴望已久的自行车，女儿要买一件新年舞会上穿的漂亮衣服。此时，大儿子提出要全部拿去做买卖。母亲见大儿子说得有理有据，是长远之计，就同意了。

结果呢，全赔了。

大儿子知道这笔钱对这个家的意义，死的心都有了，拖着沉重的步伐走到家门外，听到弟弟和妹妹高声跟母亲表达着强烈的不满。他抱着头跌坐在地，听到母亲说："哥哥也是为了这个家去拼搏的，做生意有赔有赚很正常。他肯定已经很伤心了，我们怎么能再埋怨他呢！好了，这笔遗产等于没有，我们还是一家人，我们有胳膊有腿，继续努力就好。这么晚了，哥哥还没回来，你们在家乖乖的，妈妈出去找找。"

母亲推门出来，看到坐在地上泣不成声的大儿子。轻轻地抚着他的头，说："回来了就好，正等你吃饭呢！"

这个男孩后来成了一个企业家。

故事2：20世纪90年代初。一个在重点中学上学的女孩怀孕了。当她跪在母亲面前哭诉时，甚至做好了被逐出家门的准备。而母亲在震惊之余回过神来，二话没说，带她来到了当地最好的医院，做了人流，得到了及时正规的处理。

随后母亲找到班主任，以阑尾炎手术为由，为她请了假。在家休养的半个月中，母亲悉心照顾着女儿，没说一句责备的话，只是叮嘱她以后要学会保护好自己。

女孩高考考上了名牌大学，后来又出国深造，学成归来，爱情事业双丰收。

可以说，两个故事中的孩子都犯了大错，家长完全可以暴跳如雷，怎么惩罚都不为过。但人生的试卷不是判断题，而是选择题。两位充满爱心、充满智慧的母亲，都没有在是非对错上纠缠不清，都没有为打翻了的牛奶而哭泣。事已至此，她们不约而同地选择了与孩子站在一起去面对难题，去战胜困难，而不是与难题站在一起去羞辱孩子，去打败孩子。

家是什么？家固然是衣锦还乡的所在，但更是抚平创伤的港湾。

家能给犯错的孩子一个拥抱，让他站直了别趴下，给遇挫的亲人一份体谅，让他养好伤重整旗鼓。

家是伸出的一双手，把他从火坑中拽出来；而不是关上一扇门，把他往火坑里推。

过去庄户人的孩子在出门之前，父母会叮嘱三句话：

（1）爹妈没本事，只是个庄稼人，以后一切就靠你自己了——强调的是责任，孩子要对自己负责。

（2）出去闯吧！但不能干昧良心的事儿——规定做人的底线，不能为非作歹。

（3）最不济，回家来，家里有你的一亩三分地，饿不死——告知其后路，有家可归，大胆去拼。

全世界都可以唾弃你的孩子，只有父母不能。父母的一张支持票，就相当于占了51%的控股权。

第 10 章

勇敢的心

——打破暴力循环

校园欺凌给孩子造成的伤害，超出了我们成年人的想象，但我们却常常对此掉以轻心。在欺凌事件中，那么多孩子带着恐惧和忧虑来到学校；为了避免在去学校的途中或学校的各种角落里被嘲弄、被攻击，好多孩子以各种理由拒绝上学；欺凌事件不会只有一次，被欺凌的孩子背负着沉重的心理负担，花费大量的时间和精力想各种应对方法，只为了避免再次受到伤害，更没有心思学习，参加学校的活动也不如从前积极。

事实上，并不仅仅只有被欺凌的孩子会承受欺凌的后果。那些欺凌者，在他们长大以后，可能会将这种儿时欺凌的残酷行为多样化和扩大化。更可怕的是，在好多对孩子进行家暴的案例中能看到家暴者曾经也是一个被欺凌者，他们很难维持良好的人际关系，经常失业，有些人甚至入狱。

在欺凌事件中，没有人能够全身而退。欺凌行为中的旁观者也同样会受到影响。他们要么视而不见地走开，要么加入欺凌者的行列，成为帮凶。这些行为，都需要他们付出代价。

最糟糕的模式莫过于成年人忽视了孩子的种种求助信号，导致被欺凌者求助无门，无力反抗，被多次施暴。旁观者的冷眼助长了事态的进一步发展。一句轻描淡写的"这是孩子之间的玩笑"或者"他们还是孩子"，把校园欺凌的攻击行为当成了挫折教育。

这种暴力形成了循环，你很难认定哪一个角色是关键点，唯一可以肯定的是，这样的暴力循环让我们看到了太多血的教训，每一个角色都是关键的。而要打破这种暴力循环，不仅需要识别什么是校园欺凌，阻止欺凌的行为有什么，也需要找到儿童为什么会成为欺凌者或被欺凌者的原因，还需要搞明白旁观者在这样的恶性循环中起到了什么样的作用。家庭、学校做了什么让这些欺凌和被欺凌事件被强化，并阻碍了旁观者发扬正义感。

在前面九章中，分别从言语欺凌、肢体欺凌、关系欺凌、网络欺凌、性欺凌五种形式介绍了校园欺凌对孩子的伤害。它们各自以单独的形式呈现就可对学生的心理带来巨大的冲击，更何况它们经常组合在一起，对被欺凌者形成毁灭性的打击。欺凌常常始于言语层面（辱骂、对身体能力或心智能力做出有损人格的评论），进而发展到关系层面（回避、制造谣言、流言蜚语和孤立排斥），最终，在确定没有人制止和干预的情况下，欺凌者会将欺凌升级为肢体层面的欺凌，如打耳光、踢打、绊倒、要求被欺凌者做出侮辱性或不可能完成的身体行为。

我们习惯性地认为一加一等于二。然而这个"加"有太多不一样的意义。当欺凌者和旁观者相加成为一个残忍的联合体时，伤害的程度远远大于单独出现。当言语欺凌、肢体欺凌、关系欺凌、网络欺凌、性欺凌五种形式组合在一起时，这种"加"的冲击对被欺凌者简直残酷至极。

我害怕——一场揪心的演出

导演：所有角色和背景的共同体

主演：

欺凌者：小奇

被欺凌者：小贝

旁观者：A、B、C、D

背景：学校假装欺凌问题不存在。

在学生团体中建立了完善的等级制度。

家长在家中示范或教授欺凌。

对于被欺凌孩子的痛苦呐喊，成年人看不见或者选择视而不见。

第一幕：主角上场

最先出现在舞台上的是几个旁观者，他们在篮球架下面小声议论着："听说没有？学校最近来了一位'大人物'，他是从其他学校转学来的，大家都叫他邪恶之神，他欺负同学非常有一套，他的肝火非常旺盛。太可怕了，我们得躲得远远的。"这时欺凌者小奇出现了，他身材高大，运动鞋锃亮，手插在裤兜里，脸上除了冷漠还是冷漠。小奇观察操场上的同学，来锁定欺凌目标。同时，他把目光投向观众席，看是否有观众在专心观看。

一个潜在的欺凌目标小贝正在篮球架下练习投篮，他没有注意到有人在观察他。刚才还在议论的几个旁观者不再说话，假装在传球，为自己身边还有几个伙伴而暗自舒了一口气。

第二幕：痛苦之始

小奇假装无心地碰了欺凌目标小贝一下，并暗暗观察欺凌目标小贝和旁观者对这一举动的反应。随后，他骂骂咧咧地用身体冲撞着小贝。小贝对于突然的被撞不知所措，他感到心神不安，虽然心有畏惧却不知何去何从。随后小奇一把抢过了篮球开始投篮。

最先上场的那几个旁观者 A、B、C、D，要么转移目光假装什么都没看到，要么就在旁边看热闹。他们的做法为欺凌行为带来了默许和无言的支持。对于他们其中的一部分人来说，旁观欺凌成了一种娱乐，一种建立在被欺凌者痛苦之上的娱乐。另一部分人心理很紧张并暗自想：幸亏不是我，但愿我不会遇到这种事。这时上课铃响了，小奇把篮球狠狠地甩向了远方，并大声说："明天再找你。"哈哈大笑地走向班级。小贝抱着追回的篮球害怕极了，一路上都在想我该怎么办，他感到无能为力，并试图说服自己，小奇可能只是在开玩笑。

第三幕：昨日重现

就在这样的忐忑中小贝谁也没告诉，心想：明天我不去打篮球了。

小奇找到了新的方法来嘲弄和折磨小贝。他使用更激进的肢体动作和更严厉的恐吓以便使小贝感到更加恐惧。面对小贝时，他感到自己强大有力。这种感觉给他带来了莫大的愉悦。在操场上没有看到小贝，他就在水房、教室、放学的路上找到他，虽然地点不一样，但是那种嘲笑、羞辱、污蔑的感觉是一样的。同样没有人帮助小贝，只是旁边多了更多的旁观者。小贝越来越害怕。

第四幕：变本加厉

把水故意倒在小贝身上，把他的书包扔在垃圾桶里，并且告诉所有人不能和他玩儿，放学的路上羞辱他……伤害在变本加厉地继续着。小贝用上课的时间来思考和寻找避免自己继续被欺凌的方法。他完全不能把注意力放在学习上；找寻各种避免去操场、卫生间以及水房的理由。他感觉身体也不舒服了。这一天，小贝终于鼓足勇气和老师说了，也和家长说了他的境遇，巧合的是，老师和家长几乎说了一样的话："离他们远点；他们为什么不找别人就找你。"那一刻，小贝觉得自己太没用了。

第五幕：痛苦至极

小贝开始越来越不快乐，成绩断崖式下滑，他开始找各种理由请假不去学校。家长因为不知道真正的原因，所以只是一味地关注他下滑的成绩，并总是在指责他，他感到无助而绝望。

第六幕：尾声

被欺凌者要么陷入更深的抑郁中，要么陷入更深的愤怒中，要么二者都有。小贝对自己感到愤怒，对欺凌他的人、对那些旁观者，以及对所有不会或不能帮助他的成年人感到愤怒，也不再相信成年人会对他伸出援手，他感到痛苦而绝望。

旁观者：一部分旁观者对欺凌者心存畏惧，他们为了不让自己成为下一个被欺凌的对象，要么加入了欺凌者的队伍，要么和他们双方都划清界限，继续做着冷眼的旁观者。为了能更好地说服自己做一个旁观者，他们会认为这一切都是被欺凌者自作自受，懦弱无能。

欺凌者的独白

你们认为我应该是高大、聪明且受欢迎的，其实不是，形形色色的人都可能成为我们中的一员。你无法通过外表来判断我们是不是欺凌者。我们之中，身材高大的、瘦弱的都有；学习成绩有优秀的，也有成绩总是不好的；我们中的一些人人际关系很好，在哪里都会成为核心人物，有些人则普通平常，甚至被边缘化。虽然有这么多的不同，但在某些习惯性的动作、语言上我们有着很相似的一套模式。有些危险的行为是在家里学会的，有些是根据看过的电影或者玩过的游戏刻意练习过的。更有意思的是，我们之所以会不断强化这些危险行为，是因为我们的家长从来没有告诉我们这些行为是不被允许的，好多成年人会认为我们只是调皮，喜欢捉弄别人，动作有些鲁莽。更不可思议的是，我们会很快成为领导者，成为别人愿意追随的对象。长时间之后，连我们自己都相信我们是多么的厉害，高高在上的感觉让我们变本加厉地威胁和羞辱那些不如我们的人，看着那么多拥护我们的人和那些被欺凌者的痛苦，我们获得愉悦和满足。在这样的威风中，我们内心的秘密就不会被任何人发现，那个秘密就是：我们其实很自卑，那是因为曾经被欺凌的日子有多么的痛苦，只有我们自己知道。我们要带着曾经受过的伤害和对欺凌我的人的愤怒去攻击那些伤害过我们的人，还有那些比我们还弱小的人。

虽然我们欺凌的手段和形式有所不同，但我们也有一些共同之处：

（1）寻求别人的关注，存有绝对化的不合理信念。喜欢控制他人按照自己的意愿行事，总是希望自己成为焦点。如果需求得不到满足，就可能会通过欺凌这样的方式强迫他人。

（2）不会站在他人的角度和立场考虑问题，缺少共情能力。处理问题缺乏弹性，方法单一，经常忽视别人的需求和感受。

（3）出现问题时，习惯于挑剔和指责别人，很少从自身寻找原因，且不会主动承担责任。

（4）受到成长环境中家长极端行为以及负面价值观的影响，缺乏安全感和存在感，使欺凌行为的可能性变大。

（5）曾经受到过他人的欺凌，或者被迫加入欺凌者团体，以免受到孤立和欺负。

（6）人际关系存在问题，没有朋友，感到孤独。没有缓解情绪的方法，经常在他人身上发泄。

（7）家庭环境中树立的规则意识差，以自我为中心，总是不考虑别人的感受，想怎样就怎样。

被欺凌者的独白

经常被欺凌已经让我们承受着身心的巨大压力，但更让我们伤心的是：人们会给我们贴上一些标签：懦弱、矮小、不勇敢，自己肯定有问题，否则为什么不欺负别人？他活该……社会对我们被欺凌者的评判简直是雪上加霜。我们与其他任何人一样，都有被尊重的权利。我们不是仅有弱小和愚笨一种类型，我们之中，有的高大，有的矮小；有的聪明，有的不那么聪明；有的很受欢迎，有的却几乎不被任何人喜欢。我们唯一的共同之处就是我们在某个方面有些另类的特征，所以成了欺凌者蔑视的对象。这些另类成了欺凌者持续侵犯我们的正当理由。这样的理由中包含着对我们的看不起和轻视。

这些另类特征可能是：

（1）与同龄人在外在的特质和环境上有着明显的不同。例如，年龄小，身材过胖或偏瘦，生理方面有很明显的与众不同，成绩太好或太差，表达不清，转校生，家庭条件过差或过好。

（2）胆小且缺乏自信，喜欢讨好别人，很容易被人领导，习惯用"多一事不如少一事"的思维来解决问题，息事宁人。

（3）曾经遭受过创伤，变得非常的敏感，因而选择逃避、闭口不谈来尽可能地避免受更多的伤害，更不会选择求助。

（4）边界感不强，在某些场合下的某些语言、习惯行为会引起他人不适。

（5）会让自己有很多理由不告诉成年人自己正在遭受欺凌，例如，会有"被别人欺负是一种羞耻"的不合理观念，从小被灌输"告密"是可耻的、幼稚的行为，害怕被报复，不相信成年人，因为我们从小听到最多的就是"为什么不打别人，只打你？"

作为孩子的我们虽然不会直接告诉成年人自己遭受的欺凌，但常常也会给成年人一些暗示和信号。希望你们能看到：

（1）成绩下滑，找各种理由拒绝去学校，不想参与学校或家庭的一些活动，更多地选择待在自己的房间里。

（2）一些行为轨迹发生变化：上学的路线和原来的不一样，回家后直接进卫生间，衣服有褶皱或被撕破，出现丢衣服的现象。身上有伤，而且还要编一个谎言来解释这些伤。在网上进行社交后，情绪会有变化，如生气、闷闷不乐或恐惧。

（3）精神状态变得消沉，总是说很累，担心会发生什么，样子很紧张，睡眠不好、头疼、胃疼，几乎不再和家人谈论学校及朋友。

旁观者的独白

作为一个旁观者，我通过自己的出手和不出手，间接地成了欺凌者的帮凶。袖手旁观或转身离开甚至加入欺凌，同样要受到内心的煎熬，这种煎熬无时无刻不在困扰着我。特别是这种看着自己的同学被欺凌，而自己因为担心和恐惧没有伸出援助之手，会让我有强烈的内疚感。我没有选择勇敢地站出来，是因为：我对这种欺凌现象已经麻木不仁，我太害怕被孤立了，我也担心如果自己出手制止，就会成为下一个被欺凌的对象。我也想成为像欺凌者那样的人，想要模仿他们，让自己也能成为中心人物，平时很受欢迎，看起来勇敢而强大，不再被别人欺负。

打破暴力循环

欺凌者、被欺凌者和旁观者，孩子们很有可能在每天都上演的剧本中扮演着某个角色。想要打破这个暴力循环需要我们从观众席中站起来，不再做那个消极被动、置之不理、忽视孩子求救信号的观众，靠近孩子去帮助他们。通过我们的支持和示范，去重塑每个演员的角色，改写他们的剧本，这个剧本的灵魂就是勇敢。我们要让孩子感受到，被丢弃的是这些糟糕的角色。孩子们需要一场全新的演出，而我们成年人应该改变原来的思维模式，知道自己在孩子心目中很重要，积极参与进来和孩子一起编写一场新剧本。

1. 三种角色可以做什么？

如果你是被欺凌者，你可以：

✓ 成群结队。

✓ 避开危险地带。

✓ 保持自信。

如何应对言语欺凌？

✓ 指导原则：告诉成年人。

✓ 不要跟欺凌者对骂。

✓　转身走开，不理他们。

如何应对身体欺凌？

✓　指导原则：告诉成年人。

✓　尽量躲开暴行，不要还手。

✓　避开危险地带，不等麻烦出现就走开或跑开。

如何应对关系欺凌？

✓　指导原则：告诉成年人。

✓　不要散布谣言。

✓　选择与尊重你的人交朋友。

✓　告诉你认识并且信任的朋友，他们会支持你。

✓　避免因情绪失控而回应谣言，这正是欺凌者想要的效果。牢记：谣言会随着时间的流逝烟消云散。

如何应对网络欺凌？

✓　指导原则：告诉成年人。

✓　不要在生气的时候发信息。

✓　不要回应。

✓　尽量用屏蔽功能使欺凌者无法联系到你。

✓　不要随便让他人给你拍照。

如果你是欺凌者，你该如何改变？

在法治的世界里，伤害他人是会承受身心压力的，甚至会受到法律的制裁，把自己放在被欺凌者的角度考虑一下,如果你是被欺凌者，会有何感想？

如果你是旁观者，你该如何改变？

让自己勇敢一些，成为这场暴力循环的反抗者和守卫者。

2. 家长能做什么

（1）如果你的孩子是欺凌者

① 明白管教和惩罚对孩子的影响。

在管教一个作为欺凌者的孩子时，不仅仅是让他服从家长的命令"不许欺负人"，更多的是引导他明白家长管教他背后的意义。例如，管教不是在评判孩子，而是和孩子一起把这件事作为一次学习的机会，引导孩子看到来自内心的秩序感是多么重要；不去做任何掩饰，清楚地告诉孩子他做错了什么；把孩子做的事和他的人不要混为一谈，事做错了，但依然会相信孩子是正直的；拒绝孩子总是习惯向外寻找的理由和借口；为孩子提供可以帮助他纠正错误的具体方法。

一个总是被批评、被惩罚的孩子，不仅对自己没有信心，没有安全感，而且更多的是学会指责、伤害别人。如果他总是被惩罚，那么他下次的行为会更隐秘，更不会向家长求助解决他正遇到的困境。这种惩罚可能包括一些无意识的变了相的方式，例如，对孩子的羞辱，冷漠地不理孩子，随意地发出一些禁止的命令。

② 创造机会通过自己的言行教给孩子交友的技巧。

让孩子成为一个别人愿意与之交往的人，是避免孩子成为欺凌者的一个很有效的方法。一个有朋友的关怀，可以去分享自己的喜怒哀乐的人，又怎会选择成为欺凌者呢。引导孩子建立合理的认知。例如，你提出的要求，别人可以接受，也可以拒绝。这是很自然的事情，与我们的价值感无关。邀请别人时的态度、语气、动作可能比内容更重要。大声、大幅度的肢体动作反而会降低别人愿意和你交往的可能性，而关心、尊重、真诚、赞美却可以收获友谊。

③ 关注孩子参加的活动。

研究表明，经常接触各种媒介中所呈现出的暴力的孩子，在实际生活中面对暴力的时候会显得更加的麻木和冷漠。如果你的孩子会欺凌别人，意味着他受到暴力媒介影响的概率较高。作为家长，你需要对孩子日常接触的媒体节目、网络游戏、音乐有所警觉，了解他们注意力分配在了哪里。给孩子提供一些你希望他们看的书籍、电影及纪录片，给他们创造一些参加有意义活动的机会。

（2）如果你的孩子是被欺凌者

请不要问那个根本不需要问的问题"你为什么不告诉我？"你最需要做的是反思一下孩子不愿意告诉你的原因。

认真倾听孩子的语言和语言背后的信息，让孩子感受到你是关注他的，并且在听到他说的内容后告诉孩子："这不是你的错，我相信你，会和你站在一起，去面对这一切。"

把孩子遇到的欺凌事件理性地上报学校管理人员。

不要着急地代替孩子去解决问题，除非存在很大的危险。如果包办，会让孩子觉得更加无助和不自信，让欺凌者和旁观者更加相信你的孩子是懦弱的。

（3）如果你的孩子是旁观者

对孩子因为担心而选择成为旁观者，要和孩子就这些担心进行讨论，引导孩子从风险等级最低的事情开始去做，去重新建立自己的勇气。例如，从拒绝参与欺凌到私下支持被欺凌者，再到在公开场合与私下的场合和欺凌者进行一些真诚的谈话，或者转移到新的活动中替代欺凌行为。

3. 学校能做什么

校园欺凌的发现、预防和处理，仅仅依靠教师、家长是不够的，只有把全员调动起来，无论从政策还是程序上建立一套系统，培训校内所有成年人一致性地回应欺凌，才能做到早预防、早发现、早干预。

（1）保证制度被有力地执行比出台了多少关于欺凌的制度更重要。

通过各种类型的宣讲使全校师生、家长明确欺凌的定义、被欺凌的危害、旁观者的责任和出现欺凌事件时求助的多条途径，以及从道德、法律角度所承担的后果。制度要落地，而不仅仅是贴在墙上或装在档案盒里的文字。

（2）学校要设计课程，从而为所有学生创建安全、友爱的校园环境和文化。

向被欺凌者提供应对欺凌的方法，给予他们足够的不向欺凌者屈服的支持；给欺凌者修正自己的有效帮助，从根本上解决欺凌事件的再次发生。如确保青少年安全的"生活技能和暴力防范实用课程""控制愤怒解决冲突的体验式课程""成为骨干型家庭的家长课程"。

勇敢的你——一场看到希望的演出

导演：所有角色和背景的共同体

主演：

欺凌者：小奇

欺凌目标：小贝

旁观者：A、B、C、D

背景：学校很重视校园欺凌。

　　　　每一个孩子都是被尊重的。

　　　　家长在家中示范或教授健康的人际关系。

　　　　无条件地给予孩子爱。

　　　　不忽视每一个孩子的感受和呐喊。

第一幕：主角上场

最先出现在舞台上的是几个旁观者，他们在篮球架下面小声议论着，旁观者 A 说："听说没有？学校最近来了一位'大人物'，他是从其他学校转学来的，大家都叫他邪恶之神，他欺负同学非常有一套，他的肝火非常旺盛。太可怕了，我们得躲得远远的。"旁观者 B 说：我们这样说难道不是对这个'大人物'的不公平对待吗？第一，我们背后听到的可能是谣言，大家这样说来说去不也是在散布谣言吗？第二，即使他有错误也要给人家改正错误的机会。大家赞同地点点头。

这时欺凌者小奇出现了，他身材高大，运动鞋锃亮，手插在裤兜里，脸上除了冷漠还是冷漠。小奇观察操场上的同学，通过试探来锁定欺凌目标。同时，他把目光投向观众席，看是否有观众在专心观看。

一个潜在的欺凌目标小贝正在篮球架下练习投篮，他没有注意到有人在观察他。

第二幕：痛苦之始——找到转机

小奇假装无心地碰了欺凌目标一下，并暗暗观察欺凌目标小贝和旁观者对这一举动的反应。随后，他骂骂咧咧地用身体冲撞小贝。小贝对于突然的被撞不知所措，他感到心神不安，虽然心有畏惧却不知何去何从。随后小奇一把抢过了篮球开始投篮。

最先上场的那几个旁观者看到了这些后一起走上前与欺凌目标站在一起，小贝看到这么多人站到自己的身边，感觉好了很多，定了定神，把地上的篮球捡起来开始传球给最先上场的几个旁观者。几个回合下来，他自信了很多。小试牛刀的小奇看到这样的局面也只能作罢。

第三幕：昨日故事没有重现——光明之路

小奇不甘心，找到了新的方法来嘲弄和折磨欺凌目标小贝。他使用更激进的肢体动作和更严厉的恐吓以便使欺凌目标小贝感到恐惧，从而成功实施欺凌。在操场上没有看到被欺凌者，他就在水房、教室、放学的路上找他。

对于昨天发生的事，小贝相信如果自己不在第一时间找到有力的应对，那他以后的日子可就不好过了。于是他这样做：

第一，保证自己不会独自一人出现在水房、厕所之类的地方，放学要么和同学成群结队地走，要么让家长来接；想要与同学们成群结队就要让自己平时在学校保持活跃，参与社交，并融入集体。

第二，避开欺凌者经常出现的地带。

第三，保持自信，想要自信就要相信自己，锻炼身体，保持健康。

第四，告诉老师或家长，寻求他们的帮助，直到自己感到安全为止。

第四幕：暴力循环被打破——如果我是欺凌者，我该怎么办

因为在前三幕中，小贝在积极地应对，这场校园欺凌没有发生，但我们的目标不仅仅止步于此，要让更多的人在这个过程中得到帮助。小贝勇敢地把自己的境遇告诉了老师和父母，父母很重视这件事，第一时间和老师做了沟通。老师也做出了建设性的回应。除了给予小贝情感上的支持，还及时地告诉全班同学勇敢地做出应对，互相帮助，结伴而行，并通知心理老师给予小奇积极的帮助。下面是心理老师与小奇的对话：

心理老师：小奇，一些学生、家长和老师都来这里反映你欺负同学的问题。我们学校对校园欺凌很重视。

小奇：是啊，我也不是第一次被告状了。

心理老师：这些孩子很难过。小奇，你伤害了很多人。

小奇：谁告发我的？我知道是谁！是不是小贝？我一定会收拾他的。

心理老师：小奇，我知道你为什么这么生气，但是你得学会控制

自己的怒气。我和你的父母谈过了，他们告诉我有些孩子散布了关于你的谣言。

小奇：是啊，你可能也相信了那个谣言吧……

心理老师：小奇，我绝对不相信那些谣言。谎言很荒诞，我们会阻止它们继续传播的。不过这并不意味着你就没事了，我会帮助你改变自己的行为。我问你一个问题：你知道哪些行为会使人变成欺凌者吗？

（1）你是否反复伤害你不喜欢的人，如踢他们，用拳头打他们或推搡他们？

（2）你是否不断教唆某人去伤害你不喜欢的人？

（3）你是否反复利用互联网伤害他人或传播谣言？

（4）你是否把某人从自己的朋友圈排挤出去伤害其感情？

（5）你是否因为某人的相貌或行为笑话或嘲弄他/她？

（6）你是否加入过某个欺负他人的群体，并且没有积极地去阻止该群体欺负他人？

如果上述问题中任何一个你回答了"是"，那么很可能你是一个欺凌者。

小奇：好，我是一个欺凌者。那又怎么样呢！你了解我这样的人是什么感受吗？没人喜欢我……我没有朋友，我要是不欺侮别人、戏弄别人，连个跟我说话的人都没有。

心理老师：小奇，我想给你讲个故事。这是一则伊索寓言，名字叫"狮子和老鼠"……

小奇：好吧，故事很好听，但是你讲它的目的是什么？你是说如果我对其他学生好，那么有一天他们或许会对我好吗？但是他们现在为什么要对我好啊？我脾气这么坏。

心理老师：每个人都应该拥有第二次机会，你也一样。

小奇：那我该怎么改变呢？

心理老师:

(1) 希望他人如何对待自己，就如何对待他人；

(2) 接纳所有人；

(3) 说话要注意用语；

(4) 尊重别人的空间；

(5) 尊重别人的财产；

(6) 对拿不准、解决不了的问题要寻求成年人的帮助。

别着急，在学校的团体辅导中，老师会通过团体让你学会这样良好健康的社交。

小奇: 好的，谢谢老师，我会努力的。

第五幕: 每个人都需要被尊重

心理老师也约见了小贝，除了情绪上的安抚外，也告诉他小奇也想拥有同学的接纳和友谊。你们可以给小奇一次机会，试试看能不能和他交朋友。后来，大家在操场上看到小贝、小奇，还有几个同学在一起打篮球。

第六幕: 尾声

表面上看，问题得到了圆满的解决，但我想说，不是所有的欺凌都能以这样的结局告终，通过两部剧的对比更多地是想让大家看到当我们采用书中的一些策略或者积极地做些什么的时候，你就能找到更好的应对欺凌的方案。

《善解童贞》胡萍著

《房思琪的初恋乐园》林奕含著

《知晓我姓名》香奈儿·米勒著，陈毓飞译

《从尿布到约会》黛布拉·W.哈夫纳著，望秀云译

《数字背后：结束校园暴力和欺凌》联合国教科文组织发布

《防治中小学生欺凌和暴力指导手册》教育部基础教育司组织编写

《如何让孩子远离校园欺凌》白璐、桑德琳、杨湃著

《少年江湖》宗春山著